非现场经济意识

OFFSITE ECONOMIC CONSCIOUSNESS

张为志◎著

ZHEJIANG UNIVERSITY PRESS
浙江大学出版社

张为志

1962年出生于浙江杭州。从事海内外大型项目投资分析和实际操盘的工作多年，长期致力于跨行业、跨学科的区域经济研究与实践探索。系非现场经济学说创始人。

现任浙江大学科学技术与产业文化研究中心副主任、非现场经济研究所所长、美国夏威夷大学交换教授；曾任浙江大学圆正智能研究中心主任、中央财经大学中国发展和改革研究院支付与结算研究中心常务副主任等。

E-mail:
zhangweizhi@zju.edu.cn
463791947@qq.com

作者近照

再版序言

盛晓明 [*]

  应我的好友张为志之邀，欣然同意为他的这部新版的《非现场经济意识》作序，但是一提笔就发现自己力不从心。在移动互联世界中，我是一个后知后觉者，不久前我甚至对加入或者被加入微信群这样的事情都心存芥蒂。不知道这种心理障碍是从何时开始的，仔细想来可能与几年前的好莱坞大片《阿凡达》有关。记得片中的人物身上都长有一个接口，可以随时和不同星球上的动物联通来传递信息。如今，作为一种移动终端，我们的手机就已经成为这样一种接口，不过，据说手机很快也会消失，这个接口就将安置在我们身体的某个部位上。一想到这里我就心里发毛，觉得自己越来越透明，每根血管都裸露在外面……

  其实，克服一种心理障碍的最好办法就是加入到这种游戏中去，从"外部的"视点（旁观者）直接转向"内部的"视点（参与者）。近来，我从参与者的视角关注各种应用程序（APP），开始感受到移动互联世界的魅力。至少我可以不用满大街找饭馆，因为任何订餐软件都可以帮我找到最近的、适合于自己口味的饭馆；我也可以不用提着行李着急地等车，因为用打车软件可以召唤离我最近的出租车。但是这些都不是最主要的，最主要的是，当你收集并利用各种信息时，已经

* 盛晓明：男，浙江大学教授，博士生导师，科学哲学学科带头人，曾任浙江大学哲学系主任、浙江大学人文学院副院长，现任浙江大学科学技术与产业文化研究中心主任。

把自己作为一种信息,被人收集并利用了。于是,大数据和云计算应运而生。

在这个移动互联世界中,人与人的关系结构肯定会发生改变,同样,原有的商业模式也会被颠覆。如今,人和商家的不安与焦虑都成为常态,因为我们已经生活在一个不同的世界中了,这个世界是按新的原则重组起来,并按新的游戏规则运行的。我和本书的作者一样,都试图把这种新的规则体系理解为"非现场经济"。我们的理由是:首先,构成这个世界的基本单位不再是像人和商家这样的实体,而是有关它们的信息,信息的重组有其自身的规则,无须依赖各种实体的在场及其在场方式。其次,这里的规则不是特指商业规则,而是整个社会的运行规则,因此经济的概念不再是狭义的,而是指称某种特定的包括社会、文化乃至政治在内的生活方式。

要想适应这种生活方式,我们必须调整自己看待信息的方式。在大工业时代,信息是用来安排生活与生产的手段,我们生产什么、生产多少,以及如何生产都要根据所接受的信息来做出调整。信息有其自身的载体,如报纸、电视、广播、网络等,那时,掌控和传播信息渠道是最重要的,需要花费一定的时间与费用。而在当今这个时代,个人和生产者都成了信息的一部分,可以通过各种移动终端和微信群进行传播和分享。稍加注意你就会发现,传统的媒体开始隐退,渠道已经碎片化了,变得越来越难掌控。大工业时代所崇尚的普遍性原则也逐渐被连带性(solidarity)原则所取代。基于连带性的信息传播肯定不是冰冷的、无差别的,而是带有情感和情绪并且打上群落烙印的。人们总是愿意去接受带有情感和情绪的信息,并以此为纽带建立信任关系。因此,连带性也可以说是粉丝经济诞生并得以普及的理论基础。人们可以由于迷恋同一个偶像而产生连带,同样,也可以由于类似的信念、师从、经历、游历或星座等而产生连带。你不再是你,你被不同的交往空间所分割、所共享。

在这里,人与信息的关系转变显得十分晦涩难解。我们不妨借鉴一下海德格尔的论述,他曾经通过人与语言关系的颠倒表达了一种新的语言观。从本质上说,语言不是人们用于表达的媒介与工具。语言就是言说,表面上是我在说,其实是语言在说;表面上是我说语言,其实是语言在说我。只有理解了人与语言关系的颠倒,才能接受并进入一种新的生活方式。语言的言说能使在场者与不在场者按自身的方式得到显现。这就意味着"语言才是存在之家"。没有语言，人的存在就失去栖居之所。用我们现在的话说，就是人栖居在信息之中，从而也把自己呈现为信息。海德格尔也使用"信息"这样的术语，他在《在通向语言的途中》一书中说过，人作为信息的传递者，"必须已经从信息那里走来，但他也必须向信息那里走去了"。如果你觉得这样的表述过于晦涩、难解的话，不妨注意一下身边随处可见的"低头族"，他们始终沉迷或者栖居在浏览与被浏览所构成的信息场域中。浏览伴随着购买，信息的互动伴随着商品的流通。这个世界才是他们真正的家园。

稍加注意你就会发现，我在前面的一番论述貌似深刻，其实是为了掩盖我对移动互联世界体认的肤浅。不瞒大家，我对这个世界的理解很大程度上是受张为志这本书启发的。令我感受最深的地方是这本书的写作宗旨，用作者本人的话说，此书是为平民屌丝们写的。因此，所谓的"非现场经济"，说白了就是一种平民经济、屌丝经济。

"屌丝"一词的内涵很难界定，只是我们都很清楚，它是指既没有钱又没有权（关系）的年轻人部落。在银行体系中，他们的信用等级低，属于可能贷不到钱的那类人。我们知道，资本主义带给我们的是一种"现场经济"，商业交往中唯一在意的是对方握有多少资本。在前资本主义社会，社会名流、乡绅的信任资源有可能来自世袭的等级制或者士大夫的文化传统，到了资本主导一切的时代，逻辑变得十分简单明了，有多少钱就办多大事。越发达的社会，市场准入门槛越高，屌丝就越没有机会。有人把香港的经济称作"豪门经济"，把大陆的经济称作"权贵经济"，是有道理的。在港台，屌丝们的"造反"表面上看有点"无厘头"，但背后的原因不难理解，是因为他们找不到机会。在大陆，反贪腐固然是重要的，但是如何落实"大众创业，万众创新"同样重要。按资本的逻辑，所谓"大众创业"是一个十足的乌托邦，就因为它有悖市场机制与法则。不过，这一切在移动互联世界发生了逆转，使得乌托邦有可能变成现实。你只要稍微努力一下就可以在移动互联空间中找到创业门径，稍微积累一些用户就可以成为真正的商家，甚至可以建立自己的商业模式。果真如此的话，我们完全有理由说，非现场经济的这种现实将把我们带入"后资本主义"时代。

　　我不知道本书的作者是否赞成我的判断，我想他至少会同意，非现场经济的兴起很大程度上将颠覆市场的发展逻辑与规范原则。的确，非现场经济会由于自己的低门槛而引发市场行为的失范，专家与市场人士都对失范所造成的混乱表示过担忧。规范体系的重塑势在必行，但是这样的重塑不能以叫停新的经济活动为代价，要不然一切都将回归到原点。记得维也纳学派的一位哲学家纽拉特曾经讲过一个水手的故事，可以用来隐喻我们当下的遭遇，也指出了解决问题的出路。

　　一艘在大海中航行的船只漏水了，水手该如何处置？他们不能让船停下来重新组装，因为海上没有可供停泊的港湾及船坞，只能在航行途中修补漏洞。当然，还会出现新的漏洞，水手也会一路补下去。纽拉特的隐喻可以做多重解释，在我们看来，他的意思是说：(1)水手和船是共命运的，自己的事不能诉诸外部的立法者所建立的契约来解决；(2)修补的行为不可能一蹴而就，更不可能是一劳永逸的，修补规则的行为始终伴随着遵守规则的行为。在我们这里，"水手"就是玩自己游戏的屌丝，他们有义务也有能力修补规则，让创业的游戏继续玩下去。

再版自序

站在未来　畅想现在

　　我是一个 60 后,在基本思考方式上接受的教育一直是:站在现在,回看过去,畅想未来。进入 21 世纪,人们借助智能科技的成果,社会发展变化的速率达到了一个空前值。"现在"这个词将不再适用于表达以年为计算单位的时间概念,我们会发现今天的"现在"也许几个月、几天甚至第二天后就成了完全不同的"未来"。在这快速变动的年代里,你会不会彷徨、无所适从呢？ 如果是这样,我建议你放弃自己原来的时间概念,去接受哲学家海德格尔在《时间与存在》中提出的时间概念。他要求我们把"过去""现在"和"未来"的次序颠倒过来。"未来"最早,我们从未来开始思考、筹划,并将之付诸实现,也就是"现在"。至于"现在",它是短暂的、转瞬即逝的,未及我们好好享受成果的喜悦就已经成为"过去"了。他的意思是说,我们不应该从"现在",而应该从"未来"开始思考和筹划,不然就晚了。"未来"本来只是某种可能性,当我们选择了它并着手去筹划它时,它就不再是虚幻的,而是可以把握的"现在"了。

　　《时代》有文章指出,发明家、计算机专家雷蒙德·库茨维尔相信,智能技术的"寄点"将在 2045

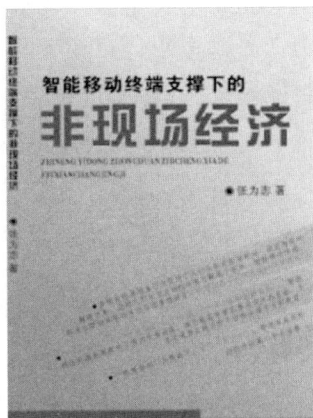

《非现场经济意识》初版封面

年到来,届时人类文明即将终结。我以为,人类文明即将终结那倒未必,但人类即将进入一个崭新的文明时代。2010年3月浙江大学出版社出版、发行了由我撰写的《移动智能终端支撑下的非现场经济》一书,该书的出版就是站在"一个崭新的时代"对"现在"所做的一次畅想,并首次提出了"非现场经济"这个概念,标志着对非现场经济现象进行观察研究的正式启动。

科学技术迅猛发展,引发了一系列的社会变革,社会经济结构、社会经济主导者地位、社会经济参与者方式、新社群活动形态和社会制度将被彻底改变,使得市场经济与信息经济进入一个更新、更高级的阶段,人们开始迎来非现场经济文明期。

"劳动者正快速地从固定劳动时间和固定劳动地点中解放出来""移动互联和智能终端的崛起,将标志着PC鼎盛时期的终结""社会时代特征:人们社会活动以现场为主的形态正转向以非现场活动为主的生活形态""智慧共享体系""非现场经济内在规律"和"智慧劳动即将撼动资本,占据社会经济唯一主导地位"等观念被广大读者所关注。《移动智能终端支撑下的非现场经济》一书中关于非现场经济环境下"非现场经济意识""智慧共享体系""智慧劳动与新社会协作关系"一节相关内容所引发的议论,以及随之而起的对未来社群生活模型、形态、趋势的畅想与探讨尤为热烈。这种对概念的热烈讨论和最近几年来智能技术及其应用的相关产业经济发展态势,使得非现场经济学说的主要观念得到了市场的初步印证。由于当时撰写该书第一版时非常匆忙,书中存在结构不够严谨等缺点。为了修正书中的诸多不足,也为了顺应时代快速发展对新内容的需求,于是我便萌发了修改和再版《智能移动终端支撑下的非现场经济》一书的强烈愿望。

六年来,互联网经济特别是移动电商取得了惊人的成就,"非现场经济"这一核心概念逐步被业界、学界所关注与基本认同,非现场经济这个符号频频出现在互联网经济的各种活动场合,加之这期间移动互联和自媒体所展现出来的超强的影响力与民众参与意愿,结合人工智能、工业4.0、量子计算等最新的研究趋势,再次将对非现场经济学说的探讨和对非现场经济意识的认知需求带到了一个新高度。非现场经济影响力急速地渗透到了社会的各个层面,直接导致了非现场经济环境下社群结构与社会协作关系变迁的加剧。这种由高新智能科技带来的社会协作关系的变迁,正改变着我们生活的社会基础环境,影响并快速地改变着我们的社会生活模式。"非现场"逐步成为我们主流生活最为典型的表现形态,当人们从以现场活动为主转向以非现场活动为主时,也就相应地产生了非现场经济现象。

非现场经济对应于大工业革命所催生的市场经济,是人类社会进入新文明时代的标志。传统的市场经济是指产品和服务的生产及销售完全由自由市场的自由价格机制所引导的经济体系,存在着一定的市场交换游戏规则,这种游戏规则深受资本和社会信任体系的影响。然而"以智能化程度为时间节点,由智慧劳动引起的,相对于质能经济"的非现场经济,通过智慧劳动逐步摆脱了资本唯一主导的模式;通过无疆界的、低门槛的参与方式动摇了由地域、身份地位和精英主导的社会契约,以及建立在这种契约制度基础上的传统社会信任体系。因此,非现场经济不再是一个不同场所(或在线式)的旧市场经济了,而是一个全新的社会经济体系,是需要和"随之而来的社会结构变化相关的一系列经济现象和经济活动"进行重构的新社会体系。它导致的将不仅仅是社会活动形态和微观经济层面上的改变,还涉及新时代社会文明进步的方方面面,并将直接挑战工业革命时期的传统经济学、公共管理学、社会学、政治学等。

我们已踏入了人类第三文明期——非现场经济文明期,无疆界的平等的智慧劳动正通过非现场经济的智慧共享体系而逐步替代资本,成为社会经济引领质能经济变迁的新主导者,社会经济、政治、军事等制度和体系也将围绕着智慧劳动这个新主导者再次展开,以大工业革命时期为代表的、以质能经济为核心的、围绕着资本而建立起来的资本主义体系也将逐步地自动消亡。传统经济学根据理性假设人做出的行为决策已经不能给决策者带来最优结果,从而导致了所谓的社会困境(social dilemma),新兴经济学科在经验实证的基础上也只是对"理性人假设"的质疑与批判。

非现场经济的研究是站在认知哲学、社会哲学、科学哲学的未来而畅想现在、创造现在的跨学科探索,是顺应人类未来幸福生活而创造现在,从而避免由盲目性创造出一个不自觉的灾难未来。"当然,我无法预言21世纪中将会发生什么事情,但我可以表达这样一个期望,并且我认为就目前我们在智识史中所处的阶段来看，这一期望实在是有理有据，那就是随着放弃语言哲学、心灵哲学、伦理学、政治哲学与科学哲学中的认知偏见，比起以往任何时候，我们将可以获得更多的理论认识和更具建构性的理论说明。"[①]

至此，非现场经济的研究诚然已超出了传统的经济学研究范畴，属于对后工业革命新文明论的研究，我以为追随新历史阶段不断的社群变迁、回归哲学思考是研究非现场经济的一个好方法。

观察和研究这一社会变革趋势，需要我们去探索与社会经济新主导者相适应的社会信任体系、社会规范制度等的重构路径，并思考非现场经济文明的社会新体系重构。这首先就遇到了对新时代社会主体的再认知问题。"社会主体认知"这可是一个涉及哲学的基本问题，哲学是一门探究世界本原和人的认识的学问，探索的是客观世界和人自身。这个问题一下难住了我这个半途出家来学习哲学的人。我从小喜欢哲学，其后起起伏伏的人生经历，更是极大地丰富了我的社会阅历，也最终促使我正式踏上再次学习和探索东方哲学之路。为了从世界观的源头研究非现场经济现象，克服自身哲学基础素养的系统性不足，40 岁后的我自觉地去追随当今最知名的东方哲学家之一、美国夏威夷大学教授成中英先生。为了快速弥补哲学系统学习的不足，我在学习哲学时采取了一种方式，就是：读书＋访学＋应用。于是，自 2008 年起，我借助于导师成中英教授的影响力，开始寻访全球的哲学泰斗，并开始"做哲学"的人生新历程。几年的哲学再学习使我有了一个很深刻的感受：当今我们的东方哲学研究几乎被西方哲学观的惯性和学术体系所绑架，现在我们很少能再看得到纯净的东方自我观，那种将自然环境、社会环境和不同的我（或我们）的差异特性三者结合起来讨论宇宙观和人生观的学派荡然无存。我们的人文社科研究，特别是经济学、管理学等学术性研究，深受这种惯性式体制性哲学研究思维的影响，其研究思路和研究方式似乎也绝大多数被贴上了西方哲学思维或产业革命思维的专属标签。我不想再落入这种所谓的体制性学术怪圈，更不愿被西方哲学思维所牵绊，我需要自由的思想野马。于是，我再版《非现场经济意识》一书，意图沿着东方哲学思维的指引聚焦

---

① 引自［美］约翰·R.塞尔《哲学的未来》一文。

未来,探索非现场经济研究新思路。我要用自我的自由东方哲学观去观察、描述和畅想高度智慧集成体系环境下的全球共享型非现场经济现象,通过描述分析当今典型的非现场经济现象与事件,诸如非现场经济文明期社会主体的变迁、智慧共享体系的公开性与共享性、参与社会活动的平等性和低门槛性、无疆界新社群结构方式与活动特征,以及智慧劳动借助于智慧共享体系的放大作用而撼动资本主导地位等,从中探寻出非现场经济社会发展的机理。正如浙江大学人文学院知名教授盛晓明所倡导的那样,现阶段哲学研究最重要的是"做哲学",在"描述"和"做"的过程中,再次引发各行各业与更多的各学科专家、学者参与非现场经济现象的讨论研究。所谓"做",就是实践,研究者不再是"游戏"的旁观者,而是实际的参与者。这一点在非现场经济现象中表现得尤为突出,各学科的专家、学者不仅是这种现象的研究者,他们同时也是非现场经济活动的实际参与者,必须动员和依靠不同学科专家群的集体智慧,一起来在非现场经济的实践观察中不断总结、完善非现场经济学说。

通过这次再版,我期望能在东方和谐哲学①的指引和一般集成论②的启发下,尝试着去开启一个非现场经济学平行集成式的研究范式,进一步阐明非现场经济意识和推升非现场经济理论研究的价值,进而倡导各行各业和各学科学者从社会发展的认知源头出发,摆脱大工业革命以来的思维惯性和互联网经济思维过窄的束缚,一起站在非现场经济文明的未来,回头畅想现在和顺应未来发展趋势,再度把握智能科技与互联网技术所支撑的新社会经济的现在,共同去完成非现场经济学体系的建构使命,进而依靠全球公民平等参与的渗透力,去谋求非现场文明期人类的共同福祉。这就是我想实践和倡导的非现场经济研究基本思路。

我要用自己的眼睛去观察行为方式的变迁,用自己的耳朵去倾听来自学术前沿的声音,用自己的鼻子去感受信息流动的气息,用自己的手去触摸智能科技的质感,用自己的脚去丈量时代进步的节奏,用自己的头脑去认知并筹划正在到来的新世界……

---

① 杨成寅.成中英太极创化论[M].杭州:浙江大学出版社,2012.
② 唐孝威.一般集成论——向大脑学习[M].杭州:浙江大学出版社,2011.

　　我想把这本书献给那些用疑虑眼神打量这个新世界的平民屌丝们。这不是一个用来观望的世界，需要我们全身心地投入进去；这不仅仅是为了创业与创新而设置的平台，而是一种新的生活方式。尽管它还有点无序、混乱，但必定是一个属于全体民众的世界。

张为志

2015 年 11 月 8 日于美国檀香山

原　序

邹东涛[*]

　　1964年春，毛泽东填了一首《贺新郎·读史》，开句写道："人猿相揖别。只几个石头磨过，小儿时节。"那么，人是怎样"揖别"猿的。对此，恩格斯于1876年所著《劳动在从猿到人转变过程中的作用》一文中，明确提出并全面论证了"劳动创造了人本身"，这就是说，"劳动"是"人猿相揖别"的根本动力，又是基本过程。这一结论不断地为考古学和古人类学的大量发现和事实所证实，是历史唯物主义的重要原理。

　　既然肯定了"劳动创造了人本身"，那么劳动是怎样进行的？ 自人类社会产生以来，所有的劳动都是人、时间和空间直接结合的"现场劳动"，即人们的劳动与劳动工具、劳动对象（如耕地、厂房、机器）等，在时空上是直接结合在一起的。"现场劳动"基础上的经济，则是"现场经济"。迄今为止的人类劳动史和经济史，绝大部分时间都是"现场劳动"史和"现场经济"史。资本主义生产方式的产生和工场手工业的发展，使劳动从个体、家庭和个体家庭协作劳动发展为工场手工业的群体劳动，但劳动的基本形态仍是"现场劳动"。

　　当人类社会发展到20世纪后期的八九十年代，知识经济时代轰然到来。知

---

　　* 邹东涛：经济学教授，博士生导师，国务院特殊津贴享受者，世界生产力科学院院士，中央人才工作局专家。历任国家体改委经济体制改革研究院副院长、中国社会科学院研究生院常务副院长、社会科学文献出版社总编辑，特聘中央财经大学中国发展和改革研究院院长。

识经济的基本特征是知识和智慧的大爆炸。而知识和智慧大爆炸与互联网大发展的结合,尤其是互联网终端即智能移动终端的多元无限延长,其直接结果之一是推进了劳动方式的深刻变革,即人类的"现场劳动"向"非现场劳动"转变,"现场经济"向"非现场经济"转变。包括生产、交易等活动的方式发生了很大的变化,越来越多的劳动及经济活动发生了空间和时间的分离:劳动、交易等不需要都到某个特定的现场进行,而是可以通过网络,虚拟而又实际地连接起来。人们只要在网上开户,就可以足不出户购买到全球任何地方的各类商品、任何交易所的股票,也可以与任何金融机构进行结算;通过上网,可以安排到全球任何国家和地区的旅游,等等。同样,作为商家,可以通过互联网向全球推销自己的商品和服务。用一个调侃的话语可以说,人们的各项活动,除了爱和生育必须"亲自"和"现场",其他都可以"不亲自"和"不现场"。人类社会"非现场劳动""非现场经济""非现场生活"的时代已经到来。

具有国内外生活和工作阅历,并担任着中央财经大学中国发展和改革研究院支付与结算研究中心常务副主任和浙江大学浙大圆正移动智能技术应用研究中心主任的张为志同志敏感地看到了当代劳动方式的这一重大变化,写出了《智能移动终端支撑下的非现场经济》一书,对当代世界非现场劳动和非现场经济现象进行了归纳和分析。他道出了智慧经济时代将呈现出的一个新时代特征:智能移动终端支撑下的非现场经济。他给非现场经济下了这样的定义:在智慧经济时代以智能化程度为时间节点,由智慧劳动引起的,相对于质能经济,反映当今社会由非现场活动的加剧而带来的社会经济变化,以及随之而来的社会结构变化相关的一系列经济现象和经济活动。他也给非现场经济学下了这样的定义:对非现场活动引起的非现场经济现象的本身及其内在运行规律的研究。它是在智慧化的智能时代,以经济学的思维方式研究和分析非现场经济对当今社会变革和当今社会协作的综合影响力及其经济评价。

非现场经济和非现场经济学既奠基于知识经济和智慧经济,又超越知识经济和智慧经济。围绕非现场经济和非现场经济学这个核心话题,张为志同志以广博的思维探讨了非现场经济的研究方式与路径、非现场经济学的时间界定、非现场经济的智能终端、非现场安全经济学、非现场经济的要素和特征、非现场经济要素的分值设计、非现场经济环境下的新就业理论的思考、非现场经济的内在逻辑等大量相关问题。这充分体现了张为志同志思维中鲜明的时代特征和创新意识。

非现场劳动和非现场经济的出现是人类社会发展的必然，这首先是人类科学技术高度发展之必然，其次是地球越来越拥挤、人类生活和工作环境越来越紧张之必然。非现场劳动可以让越来越多的劳动者不用急急忙忙、拥塞道路赶往某个共同场地集体办公，可以节省很多"在途"时间从而增加有效劳动时间。这一切，都有利于提高效率和产出，增加 GDP。可以说，非现场劳动大大解放了劳动者，大大解放了人本身，使人不再成为办公室的附庸，这更加体现了以人为本。非现场劳动本身就是十分经济的，当然又叫非现场经济。进一步说，非现场经济更深刻、更广泛的意义则在于其对经济管理、经济运行、经济核算、经济理论对宏观经济的影响以及对社会、人文和国家治理等一系列更加复杂问题的影响。他不仅具有广泛的经济意义，也具有广泛的社会和政治意义。因此，非现场劳动对人类经济社会的影响是十分广泛的，全世界都应该加强对非现场劳动和非现场经济的研究。

非现场劳动和非现场经济意义如此之大，全社会、全世界都应当进行推广和完善。但传统的研究思路又太僵硬、太直线化了。因为非现场劳动和非现场经济涉及的是人、是社会，而不是动物，更不是物。人是多面体，社会是多棱镜。人与动物的重要区别在于人的广泛社会性，人有思想、有感情、有家庭、有团队、有组织，需合作、需交流。中美两国可以"非现场交流"，美国总统与中国主席可以打打电话，可以在互联网上聊聊天，何必浩浩荡荡亲临访问，劳民伤财？每年的人大、政协"两会"完全可以通过互联网终端接通每个代表，何必浩浩荡荡云集首都北京？逢年过节，亲戚朋友家人都可以发发短信、打打电话、上上 QQ，尤其是视频聊天与见面无异，何必全国交通动脉大调动、大紧张、大堵塞、大花钱？单位人员都可以非现场办公、非现场联系，何必定期或不定期地开开会、见见面、说说话，再来个元旦春节大联欢？因为人的社会，包括家庭、朋友、团队、单位等，都有现场见面之情，现场见面的意义是直观的，又是深涵的、不可言喻的，可以释放疑虑，滋润感情，加强沟通，增进了解和友谊，增加单位、组织、国家的影响力和凝聚力。因此,我们说,非现场劳动和非现场经济固然是社会发展的必然,需要研究、总结、完善,但绝不能机械化。应当多侧面、多角度地分析我们这个世界之事,也要多侧面、多角度地分析我们这个世界之人,还要多侧面、多角度地分析由群体人构成的社会。既要促进经济的全面增长和发展,也要促进人和社会的全面发展与和谐。如果说科技、经济的持续发展需要无限的智慧,互联网的终端需要无限的空间,那么,人的社会则需要永恒地保留着很多原始生态和原始传统。这就是人与自然、人与社会的辩证法。

张为志以如火如荼的热情分析着当代世界新现象——非现场劳动和非现场经济,但又怀着一颗平常心。他自我评价道:"我不是经济学家,也不是 ICT 的工程师,更不是什么社会精英,只是一个游历世界的普通社会观察者,一个跌跌撞撞地沿着中国改革开放路径摸索多年的中国普通平民。"一个普通平民着眼和分析着一个社会和世界大问题,就不是一般的普通平民了,而是一个"为着自己的志向"坚持的全面深刻的思想者、探索者了。

当我读完张为志的书稿,看了他最后的"附记":"本书交付出版社之际,正值老父亲 99 岁仙驾之时,敬献给像我父亲一样平凡地生活在中国大地上的平民百姓。"这使我眼为之一润,心为之一振。每个人都有自己的父亲。在自己第一部重要著作落笔竣工之时,他首先将之献给自己刚刚高寿仙逝的父亲,我感觉到了他感情的升华和寄托,于是当即写道:

上承祖德下积行,乘鹤西去九九龄。一部大作献尊父,长寄孝子不了情。

是为序。

原 自 序

1974年诺贝尔经济学奖得主哈耶克曾强调:"我们不仅应当是合格的科学家和学者,而且应当是个很有阅历的人,从一定意义上说,应当是个哲学家。"

我想我成不了伟大的哲学家和经济学家,但至少也应该是一个具有主动哲学意识,且很有阅历的社会现象观察者和研究者。

我不是经济学家,也不是ICT的工程师,更不是什么社会精英,只是一个游历世界的普通社会观察者,一个跌跌撞撞地沿着中国改革开放路径摸索多年的中国普通平民。

我出生于贫穷加动荡的20世纪60年代,成长于拨乱反正的70年代,摸索于改革起步的80年代,成熟于经济腾飞的90年代,再创业于21世纪的智慧时代,是一个"走过贫穷"又"到访过华尔街"的转型期中国人。

这是一个高反差的急变时代,一个令人晕头转向的探索时代,一个容不得人过多思考的跟进时代,一个催人奋进的火热时代。

从卖一个鸡蛋就是"对抗人民公社"到"私营资本也是社会主义组成部分"的思维转变;从"藤帽铁棍,砸烂公检法"到"依法治国"的方略变迁;从"飞机大炮打死美国佬"到"中美关系正朝着战略合作伙伴关系发展"的国际观改变;从"解决饥饿、吃饭问题"到"GDP总量超过日本成为世界第二大经济体"的急速跨越;从"穿牛仔裤就是资本主义自由化"到"中国正在成为世界最大名牌消费品市场"的思想冲击……中国从贫穷动荡的社会形态,一路狂奔到了当今讲究品质生活、高度智慧的新经济时代。

这就是世纪之交中国所呈现给世人的一个转型期特征,它也贯穿在我成长的特定时段。

●"摸着石头过河"

杭州,一座用美丽传说和青山绿水堆建而成的中国东南沿海名城。

它东临浩瀚的东海,南傍澎湃的钱塘江,西依群山环抱的西子湖,北靠经济发达的长江经济带。大自然的造化,让杭州依山傍水;历史文化的熏陶,使之集小伙的胸怀、姑娘的娇嫩、商人的财富、文人的墨笔和东方智慧于一身。她悠然地踩着自己的历史方步,向世人诉说着自己说不尽、道不完的故事和美丽传说。

1962年的夏天,我就出生于这座中国东南沿海的历史文化名城——杭州。家中八个兄弟姐妹,我排行最小。

少年时期的我,过着极度贫困的生活,似懂非懂地在朦胧的"革命情结"和"革命正义精神"中,逐步形成了"勇于革新"和"穷得要有志气"的坚强的性格。

我童年、青少年时期跟随父母一起生活在父亲工作的大学校园里,校园里浓重的文化氛围又塑造出了我的求知信念。

20世纪80年代初,我的儿时玩伴"蚂蚁"被选上公派留学德国。异国通信往来和每次他回国探亲时我们一起校园散步时(我们同是校职工家属,都住父母在校园的家里)的交流,使我的思维逐步跨越了地域的障碍,为日后游历世界和国际观的形成打下了最初的基础。

70年代末、80年代初,在"千军万马过独木桥"的传统教育模式下,为了分担父亲的生活压力(父亲是校工,养育我们八个兄弟姐妹,当时的生活相当艰苦),我进入铁路部门工作,成了一名铁路学徒工。学徒期快届满时,我改变命运的欲望强烈起来。

我再一次加入高考的行列,进入杭州的一所法律学校学习。在学习法律的同时,我又进行了汉语言专业的学习。毕业后,作为一个拥有两张文凭的大专生,我进入市级政府机关从事法律事务工作,成了一名正式的政府雇员(按当时的说法是正式国家干部,行政级别为最末级)。

28岁那年,我成家了,小老虎(我的小名,因我行末,又属虎)变成了"大老虎"。婚后生活开销的增多,特别是儿子出生后开支的骤然增大使我体会到了前所未有的经济压力,这种压力和一种作为父亲的责任感,促使了我离开了国家干部的行列,开始"下海"(当时称离开行政事业单位加入经商行业的行为为"下海")探索。

由于当时的青年普遍未受过经济方面的基本教育,我国的市场经济模式也尚未定形,个人和社会群体均处于摸索的状态。改革的大潮无情地冲击着我们这些毫无游泳知识的"下海者"。

正如邓小平先生说的,整个社会和下海的个人均在各显神通,"摸着石头过河"。我这一摸,就摸了25年:

从铁路部门摸到了政府机关,从政府公务摸到了国际贸易,从国际贸易摸到了实业,从实业摸到了投资业,从旅游经济摸到了跨国金融,又从跨国金融摸到了智慧经济。

我摸过工厂的制造工具,摸过金融的产品工具;摸过世界顶级的超五星级总裁权力棒,也摸过巨额资本的签章;摸过皇家高级参谋的笔,更摸过监狱的笼板。

从大陆到台湾,从台湾到东南亚,从东南亚到欧洲,又从欧洲到中东和非洲,最后又摸到北美洲。

当然这期间我也没忘继续深造而摸大学的门。我摸了几个不同国家的大学门,现在又摸回了浙江大学的校门,激情地投入到了一个全新的智能时代新区域经济的研究中。

●"A Question of the Balance"

20世纪90年代初,为了业务我来到意大利的米兰市,我的意大利朋友既是一位商人,也是一名飞行教练。

一天,他带我来到他的飞行中心(FSC)。

我们一起登上了一架直升机,我被安排坐在副驾驶的座位上,全副武装(佩戴飞行头盔和全套的驾驶操作装备),他则坐在正驾驶的座位上。

当我们飞越阿尔卑斯山区时,他告诉我:"控制好操纵杆,稳住脚踏板,慢慢地、轻轻地修正飞行状态。"

刹那间，飞机朝左下方坠去，我马上意识到，他已放开操纵杆，改由我来控制。

我紧张地试图控制住飞机。

此时，耳边不断传来朋友的叮嘱："轻轻地、慢慢地，放松放松、再放松。"

"好，好，你已控制住了飞机，你会成为一名很好的飞行员。"

"我的天啊！"我在自由飞行了，像鸟一样飞翔了。

……

返回飞行基地，我们并肩站在停机坪上，他对我说了一句："A question of the balance."（一个平衡的问题）

这次美妙无比的飞行体验加上阿尔卑斯山的美景，让我终生难忘，也使我后来成了一名业余飞行爱好者。

就这样，这摸爬滚打的近30年练就了我鹰一般的视野，成了一个没人授封的社会观察员。我可以用鹰的视野俯瞰那些"利来利往"。我坚信，鹰的视野一定不同于爬行动物的官能感觉。

司马迁曾说："天下熙熙，皆为利来；天下攘攘，皆为利往。"虽然我没金钱，但我并不因此而屈服于"利欲熏心"的世俗。

"我的灵魂劝导我，注视着丑的东西，直到看出美来！"

我的耳边又响起了"轻轻地、慢慢地，放松放松、再放松""A question of the balance"……

不是吗？

我们的社会生活和社会经济的发展历程，不就是在不断地寻找一个又一个的平衡点吗？

如今，我们的社会开始迈入了智能经济的时代，这个新的智慧时代又将带给我们怎样的新经济现象？这个新时期的新经济平衡点又会落在哪里呢？

《智能移动终端支撑下的非现场经济》一书的写作，就是希望开启对这个新时期下新经济平衡模式的探索之门。

本书的写作是基于：(1)我国正处在经济结构转型的关键期；(2)我国ICT产业

及其应用已经形成了国际同步的态势;(3)我国ICT研究领域基本上停留在工程技术人员群体,我国经济学界涉入该领域较浅或较少;(4)综观世界近十年来诺贝尔经济学奖得主,其理论成果基本集中在与信息经济相关的经济学理论;(5)我率先提出"非常经济概念",是采取跨界交叉学科研究的方式,意图填补我国"非现场经济"研究的空白;(6)高等教学的学科内容应该始终走在社会发展实际的前沿;(7)观测和描述前沿经济现象,尝试经济学研究和应用分析的平民化趋势。

因此,该书的匆忙出版仅仅是为了起个头,以表示我对新时代的新经济现象和与之相关的新学科理论体系研究的重视。在此,我诚邀相关专业或相近、相临各专业的专家学者们,一起来创建和完善该学科理论体系。

我希望通过大家的不断努力来完善该学科的研究,并希望发表的研究成果能为高等教学增添新的前沿性学科内容,进而为推动我国社会经济的再发展做出微薄的贡献,更试图通过大家的努力使之成为中国人在世界范围内社会科学领域的优秀学术成果,从而为中国人争光!

张为志

2009 年 10 月 20 日于中国杭州

目　录

第一章　非现场经济现象 …………………………………………… 1

第一节　非现场经济现象的出现 ………………………………… 1

第二节　移动智能终端的发展 …………………………………… 6

第三节　典型非现场经济现象 …………………………………… 10

第二章　非现场经济概述 …………………………………………… 28

第一节　相关概念界定 …………………………………………… 29

第二节　非现场经济学研究范式与意义 ………………………… 32

第三节　参与非现场经济 ………………………………………… 38

第四节　技术基础 ………………………………………………… 45

第五节　理论基础 ………………………………………………… 55

第三章　非现场经济的核心:智慧共享体系 …………………… 69

第一节　智慧劳动的形成 ………………………………………… 69

第二节　智慧共享体系的构建 …………………………………… 73

第三节　智慧共享体系的渗透力 ………………………………… 76

第四章　经济主导者的转变 ……………………………………… 80

第一节　非现场经济的三要素 …………………………………… 80

第二节　第二主导者的兴起 ……………………………………… 84

第五章　经济主体的转变 ……………………………………… 93
　　第一节　实体经济的非现场化 ……………………………… 93
　　第二节　自由人的自由联合 ………………………………… 97
　　第三节　生产者与消费者让位于产消者 …………………… 99

第六章　生产方式的转变 ……………………………………… 104
　　第一节　从大规模生产到大众生产 ……………………… 104
　　第二节　从"制造"到"智造" …………………………… 107

第七章　组织方式的转变 ……………………………………… 111
　　第一节　从市场到共享 …………………………………… 111
　　第二节　物联网时代的共享模式 ………………………… 114

第八章　融通方式的转变 ……………………………………… 120
　　第一节　互联网货币：比特币的兴起 …………………… 120
　　第二节　P2P 信贷 ………………………………………… 124
　　第三节　众筹融资 ………………………………………… 125

第九章　非现场经济意识的应用 …………………………… 128
　　第一节　非现场经济指数 ………………………………… 128
　　第二节　非现场经济与企业管理 ………………………… 132
　　第三节　非现场经济与公共管理 ………………………… 135
　　第四节　非现场经济与就业 ……………………………… 139

第十章　走向非现场时代 …………………………………… 149
　　第一节　非现场时代的到来 ……………………………… 149

第二节　从现场到非现场的转变中可能面临的问题 ……………… 151

第三节　非现场社会生活 …………………………………………… 154

附　录 ……………………………………………………………… 161

警惕"互联网＋"标签化 …………………………………………… 161

破解品牌商触网的死亡之吻　迎接电商 2.0 时代到来 ………… 165

重构非现场经济环境商业生态　实现中国经济持续增长 ………… 170

后　记 ……………………………………………………………… 178

第一章　非现场经济现象

第一节　非现场经济现象的出现

进入 21 世纪,电子商务、互联网、移动互联、物联网、云计算、人工智能等领域,不断创造了一个又一个海量交易、产品革新和模式创新的神话,大有社会经济重建者的姿态,不断向传统经济发起渗透和冲击。大工业革命把劳动者从繁重的体力劳动中解放了出来,而高度智能环境下的"充分感知与应用"和"充分自由",则再次把劳动者从固定劳动时间和固定场所中解放出来。随着人工智能技术应用的不断深入,以互联网和数字产品为主导的数字化生活,以出乎人们意料的速度向智能型生活模式转型,并迅速地展现出了一种新趋势:

互联＋物联＋云计算＋大数据＋智能终端＋人工智能＋量子计算＝"智能技术体系"的集成态势

这里的互联不是单指传统的固网式互联网,而是泛指一切能即时在线联网的数据交换及共享体系,包括固定互联、移动互联、卫星通信、站点式 WIFI 分布和其他的数据交换平台等。尤其是移动互联整合了互联网与移动通信技术,将移动通信和互联网二者结合为了一体,将各类海量信息及各种各样的物联网业务引入移动互联网之中,为社会搭建了一个适合各种业务和各种管理需要的移动智慧化应用平台,可以提供全方位、标准化、一站式的用户需要的综合展示平台。在未来的若干年里,移动互联的规模将至少是桌面互联的数十倍。此时,智能终端(含人工智能)将成为移动互联最终的实现窗口,因此也显得无比的重要。智能移动终端和人工智能将借助于"移动互联""移动物联"的支撑,不再仅仅是一个简单的信息交互工具,而是成为一个具有全面应用功能的平台,一个人们日常工作、生活及智慧劳动竞争的基础性综合平台。

这种智慧科技成果的集成态势再次把人们从固定的办公场所、交易场所、事件现场、资源现场以及定点 PC 等特定时空环境的制约中解放了出来,劳动者和生产力再次获得解放,并呈现出了劳动与生活的非现场化趋势。随之,社会经济也将因为这种趋势而再次迎来巨大的变革。这里,"特定的环境限制中的解放"经历了两个阶段:第一个阶段是信息经济的初级阶段,借助于固网以及应用技术,实现了人们信息交互的便捷,并开始启动从固定劳动时间和固定劳动场所向固定的 PC 转移,初步实现了非现场生活和非现场劳动;第二个阶段是信息经济的高级阶段,借助于智能技术,特别是移动互联技术、物联网技术和智能移动终端及其综合应用技术,不仅实现了把人们从固定劳动时间和固定劳动场所的束缚中解放出来,更是把人们从固定的或定点的 PC 中解放了出来,真正实现了时空自由的非现场生活与非现场工作。"移动智能生活"正从固定 PC 向智能移动终端过渡,极大地改变了生活形态和生活习惯,从而加剧了非现场活动现象的活跃,推动了非现场经济的极速发展。

"智能技术体系"的集成态势结合了社会动力机制和交换机制等人类智慧,这就形成了社会智慧大脑的发育,即所谓"智慧共享体系"。

我们可以用一个非常通俗的等式,来加以初步的说明:

智能技术集成＋社会动力机制＋社会交换机制＝"智慧共享体系"

这里的社会动力机制指社会的各种利益机制,是新时代的新社群交易中各种利益的交换实现机制。这是一个新时代的共享机制,是由高度发达的机械性智能综合技术加人类特有的智慧文明构成的。这种智慧共享体系下的新文明共同体就成了一种新的"主体"。在这里,思维不再是单纯的个体主张,也就不再是以个体评判为前提的分享式思维,而是群体借鉴型的共享式思维。此时,传统意义上的劳动,越来越与人们投入的工作时间无关,而更取决于他们的智慧性、原创性、创造性以及参与性。我们的工作仍然存在,但不再是单一的、稳定的"工作岗位"。越来越多的人将在非固定工作岗位上,把劳动和知识产品转化成数据、转化成智能服务产品。这种不直接与劳动时间挂钩的价值体现,依靠的是敏锐地发现新问题、创造性地解决问题和灵活地应用智能技术体系的综合能力,这个新能力就是新时代人们的智慧劳动。它们不需要离开自己的原始占有者就能够被买卖和交换,其价值的增加通过知识或知识应用来实现,而不是通过直接的劳动时间长短来实现。工业社会劳动文化的两大基本支柱——固定劳动时间和固定工作岗位将退居次要地位。也就是说,劳动的经济效益与劳动的工作地点、工作时间之间的直接关联度越来越松散。这种直接关联度向间接关联度的转变结果是:各种非现场劳动形成的基本条件成熟了,即智能生活模式极大地拓展了人们非现场的活动时空,人们的非现场工作、非现场交流、非现场交易等行为的实施,在时间和空间上都成为可能。

我们可以说,以非现场活动为主要表现形式的智能生活模式的时代已经到来。

首先,人们从高度集中的现场活动主形式向非现场活动形式过渡。移动智能科技真正实现了劳动者的固定劳动时间和固定场所的再解放,实现了劳动者更大的生活自由。大工业革命带来的高度集中、高度现场化生活模式开始瓦解。高效的非现场生活场景逐步展现在了我们眼前,展现出了真正意义上的非现场经济的兴起。一方面是智能化程度不断提高的趋势,提供了各种非现场活动的可能,高新科技的应用和高智能化组合,为非现场活动和非现场交易奠定了可靠的技术支撑和社会环境支撑;另一方面是社会发展的必然结果,也需要非现场活动的活跃,非现场经济的应用渗透力和综合成本概念,也将主导着社会活动的非现场化趋势。

其次,新时代社群结构的组成方式和性质发生了重大变革。哈佛大学罗伯•普特南(Robert D. Putnam)认为我们的社群意识和公民责任在过去三十年急剧恶化。他很遗憾地注意到,街坊邻里的情谊显著地日渐淡漠,晚餐聚会、群体讨论、会员俱乐部、教会团契、政治参与以及所有维持民主运作的基本活动都越来越少。亚利桑那大学米勒·麦弗逊（Miller McPherson）等人指出，这二十年来，表示自己没有任何对象可谈论要事的人的数量增长了近三倍。芝加哥大学综合社会调查（General Social Survey）所收集的大量数据显示，没有任何亲密朋友或知己的美国人，竟达人口比例的 25％，这个数字教人大吃一惊。研究人员发现，过去的二十年来，不但个人的社会关系减少，社会关系的模式也发生了变化。研究人员注意到，人们在更广大社群中依赖友谊的程度越来越少，由此得出结论：维系社群和邻里的联结纽带已经凋萎。网络是日益风行的人际交流工具，也会造成社会的孤立。孤单地看电视、独自使用电脑的人数也在增加。英国利物浦大学心理学教授罗宾·邓巴（Robin Dunbar）总结出，缺乏社会接触和社群意识可能是当今这个新千禧年最迫切需要解决的社会问题。

"社群"一词有聚焦之意。传统的社群是在一定地域内发生各种社会关系和社会活动，有特定的生活方式和成员归属感的人群所组成的一个相对独立的社会群体，是以一定的社会关系为基础组织起来的进行共同生活的人群。然而，当人类开始进入非现场经济的无疆界时代，传统社群的地域基础被打破。无疆界的新社群逐步覆盖了地理社群，利益集体逐步被兴趣集体所替代，工业革命带来的缺乏社会接触和社群意识导致的严重社群感缺失得以再次修补与升华。人们开始借用互联网（特别是移动互联）的即时通信平台，将部分传统地理交往转为网络交往，形成了庞大的新人际平台，打破了一定范围内的地理和地域文化限制，即打破了"我是某一个地方的人""我是某一个单位的人"等的观念。各种不同的新社群建立的基础也不再是地域和利益，而是把共同感兴趣的内容作为首选。非现场的智慧化共享性促使了科技、教育、文化、艺术等部门越来越快地与各基础产业整合，改变了我们人类社会生活的基本形态，从而引发了社群的再度自由重组。内容大于品牌的"自时代"到来了，随之而来的必定是社会经济结构的顺应和变迁。

再者，非现场经济的智慧共享体系大大降低了人们参与社会经济活动的门槛，工业社会造就的草根（屌丝）们再次获得了平等参与的机会。工业革命社会里，屌丝广泛地以平民形式存在于我们周围，他们是这个飞速发展的时代所催生的产物，他们生活平庸、未来渺茫，却渴望获得社会的高度认可。我们且看网络上一个平民屌丝晒出的自白:"鄙人屌丝一枚,大学毕业后不幸掉入全世界最黑暗的资本家圈套中。工作四五年了,至今无房无车无存款。虽然鄙人相信,只要努力就能成功,亦已弃暗投明另寻新主,但是时不我待,唯恐功未成、身先死。倘若经济真能在三五年内崩溃,如二十年前之日本,我等屌丝该如何应对以自保?请懂得经济和理财的大师们不吝赐教。伏惟拜谢!"屌丝的欲望源自人性的表达,而非现场经济社会突破了传统市场经济和有形网络经济模型平民平等参与的瓶颈,使我们的弱势族群和普通人士在不一定拥有资本的条件下,通过智慧劳动和共享智慧放大的途径,同样具有"在较短的时间内获得或接近类似资本家一样生活"的可能性。在非现场活动占主导的社会环境中,新的劳动生产率不再简单地取决于劳动资料量的增加,而是依赖于智慧共享体系在非现场生产和非现场生活中的各项应用,并表现在了这种最佳结合成果的共享性上。世界范围的传感器联网、电脑联网、云端共享、人工智能将使越来越多的传统领域以数据流通取代产品流通,将工业劳动演变成智慧劳动和应用服务。智慧的数据产品能够通过智慧共享体系被大量复制和分配,而不需要额外增加费用。这一特殊的劳动和产品能够通过智慧共享平台来再利用或再分配,其价值的增加是通过智慧劳动在智慧共享体系上的放大,而不是通过传统劳动的直接价值来实现。这里的智慧劳动不单是指技术劳动,而且是指借助于智慧共享体系放大其效能的一切劳动。正是由于无形网络或无形与有形结合的网络经济模式,借助于智慧技术和共享型智慧体系的贡献,使得我们的"智慧劳动"正开始逐步地、部分或大部分地替代原有的市场经济唯一的主导者——"资本",而成为社会经济新的第二个主导者。智慧劳动的出现不是为了去替代其他的劳动形态,而是它自身逐步演变成在整个社会经济中居于主导地位的劳动形态。正是这个无疆界的平民平等参与的第二主导者的出现,触动了整个社会经济的中枢神经,并将引起全球性的社会经济的连锁反应。

智慧共享体系带来的社会经济主导者的悄然变化,引起了非现场经济的智慧劳动的崛起,并逐步替代资本,占据了社会经济结构中的主导地位,进一步催生了新的社会经济现象——非现场经济现象。

第二节 移动智能终端的发展

非现场经济现象的出现,离不开移动互联和移动智能终端以及人工智能的发展,从某种意义上讲是移动化的智能终端支撑起了非现场经济。

移动智能终端是指具有操作系统,使用宽带无线移动通信技术实现互联网接入,能够通过下载、安装应用软件和数字内容为用户提供服务的移动终端产品。移动智能终端通常具备四大特征:一是具备高速接入网络的能力,3G(4G)/Wi-Fi 等无线接入技术的发展,使无线高速数据传输成为可能,移动智能终端可方便地接入互联网;二是具备开放的、可扩展的操作系统平台,这个操作系统平台能够在用户使用过程中灵活地安装和卸载来自第三方的各种应用程序和数字内容,承载更多应用服务,从而使终端的功能得到灵活扩展;三是具备较强的处理能力,当前的移动智能终端在硬件上已具有一定的处理速度,可以实现复杂的处理功能,随着芯片技术的发展,终端处理能力还将持续提升;四是拥有丰富的人机交互方式,触摸屏、语音识别、传感输入等交互技术使终端的操作和应用更加便捷和智能。[①] 到 20 世纪末,ICT 技术的应用得到了快速的提升,使信息更具完全性和对称性,从而更大地降低了单位使用价值中的实际劳动消耗。于是,ICT 应用也就成了产生经济效益的最终端,国际各大生产商纷纷从纯粹的提供通用产品转向了提供特制的应用。美国 iPhone 推出终端的同时,也推出了 14 万个专用应用程序。"黑莓"手机在推出终端的同时,也推出了企业版安全终端标准。这些,标志着信息经济已经实现了从产品级向应用级的转化,也反映了企业经营方向和管理方向从产品型向应用型的转型,从而引起了信息产业和信息经济结构的转变。中国拥有近 10 亿手机用户,在这样一个消费群体里,建立一个新经济模型平台,使其广泛应用到各行各业(特别是今日应用领域)以及城市

---

① 工业和信息化部电信研究院.移动终端白皮书[R],2012.

和农村的日常生活之中,由此而展现出来的新经济增长,可能是任何预言家都未曾预料到的。正因如此,我们也就可以预见自主智能终端支撑下的非现场经济现象将会创造怎样的新经济神话。

我们有理由说,信息经济经历了市场培育的初试阶段,已经发展到抢占应用端的时代了。处于全球化经济圈中的中国信息经济发展,其发展趋势也必定会走这一步。随着"智慧地球"概念的盛行,物联网、云计算的热闹登场,人们已经不满足单纯的数字生活模式所带来的生活快感。他们已经开始盼望更轻松、更便捷、更智能化、更低成本的非直接人工服务的到来,并开始幻想"饭来张口,衣来伸手"的智能生活了。对于目前中国信息技术经济的总体发展态势,许多业内专家都认为,中国信息经济的成功需过三关:网络、终端和应用。而事实上,在国内的绝大部分从业群体的思维习惯和关注点也正是按这个顺序——先网络,再终端,其次是应用——来进行的。目前,作为信息产业的主力军,各大运营商也把主要精力集中于网络建设和提升上。在终端技术层面上,运营商只关注开发功能,实际功能基本由制造商来实现,其结果是千奇百怪的,运营商也就无法完全满足并适应用户的体验,跟不上技术进步和新应用的步伐。且多数应用功能或商务方案均出自技术人员手中,这样,开发出的程序就存在着"有深度但缺乏系统性、连贯性和文化特征"的严重弊端,最后往往都沦为过渡型产品。因此,新信息经济工作思路的顺序应该是:应用—终端—网络,即优先规划应用,再根据应用需求设计终端,最后由相应网络体系的运行来支撑上述内容。也就是说,智慧经济时代已经不同于信息经济时代,信息经济时代的主要需求是信息交互功能,因此网络架构成了首选。可是,当信息经济进入更高级阶段的智慧经济时代,其主要需求就由信息交互转向了应用功能。应用功能主控局面的出现直接引起了新时代的新经济现象产生。在智慧经济阶段,我们首先需要的是应用性的经济研究和应用性的技术研究。作为对智慧经济的主要表现形式的非现场经济学的研究,我们也应该首先进行应用经济价值的研究,并由经济研究的专业人士、市场商务层面的专业人士和其他参与者,在经济学思维方式的指导下,共同研究新应用功能和新应用内容所带来的新经济现象。在这样的经济思维的指导下,去设计新应用内容或应用商务方案及其相关的应用技术,最后由具有资质的工程技术人员利用智能终端分别去支持和支撑各应用的实现。这个顺序的调整将决定我们的非现场经济的发展方向,也决定着我们未来的终端设计发展方向和网络建设发展方向。非现场应用的渗透力直接体现了现实的应用需求趋势,我们的智慧技术也终将体现在智能终端的应用与服务之上,这些也决定着非现场经济拥有怎样的生命力。这种应用性经济的必然性均将集中体现在智慧技术的窗口——智能终端的应用端口上,从而切实地落实和反映了我们实际的"智能生活"所涉及的方方面面。移动终端智能化程度的提升和应用程序的优化,使得非现场经济越来越活跃,非现场经济的激增现象又决定了整个信息经济的提升,进而将这种影响传导到整个经济体的结构体。至此,我们可以得出结论:互联、物联、云、智能终端的联动支撑着智慧体系,智慧体系支撑着智能生活模式,而智能终端又是整个智慧体系的窗口,是智能生活中非现场活动的集中载体,最终智能移动终端将支撑起智慧经济的非现场经济生活模式。

在智能生活模式中我们所直观感受到的是:智能移动终端将支撑非现场生活,从而支撑我们以非现场生活为核心表现形式的智慧经济。随着新科技的不断加入,智能化生活的内容日趋完善,智能终端也将更富有趣味、更有吸引力。至于智能技术的集成,我们可以把它看成是智能终端的最终形式。我们所有的智慧劳动都将通过智能终端这个窗口而展现出来。也许有一天,我们的身体会与移动智能终端完美地结合在一起,我们将不再需要独立形式的智能终端,我们的身体本身就会是一个融合性移动智能终端。

智能移动终端借助于"互联网+无线网"的最佳互动平台,使我们的智能移动终端具有了符合金融标准的非现场的高数据吞吐、鉴权能力、安全能力和低时延的高品质互动操作能力。移动终端的智能化将通过移动互联展现出智能终端的移动交互功能、移动交易功能和移动支付功能,智能终端的这三大基础功能实现了从手机向综合平台的转化。移动交互功能实现了非现场的信息交互、非现场办公和非现场生活的指令交互;移动交易功能实现了非现场电子票据的交割、非现场的贸易撮合和所有权的转移;移动支付功能实现了即时的现场电子货币支付和现场身份识别。在智能移动终端的三大功能中,最为关键的是移动交易,前面我们在讨论电子商务时就指出,一切的交易活动都将最终落实到所有权的转移上。智能移动终端如果离开了移动交易功能就只能停留在移动交互的层面上，无法实现成为真正的工作平台和生活平台的愿望。这里的"移动交易"和"移动支付"是两个不同的功能概念，现实生活中人们往往将这两个概念混淆了。我们可以进行简单的比喻：移动交易相当于一个可移动的各类营业厅与移动门店，实现的是非现场的交易与结算；移动支付则相当于现金，是由电子货币替代传统的纸质货币，进行现场的支付。移动互联和智能移动终端共同搭建的非现场经济已经展现出诱人的市场前景，苹果公司的移动应用实践的初步成果，也已经给予了非现场经济实验者们极大的信心。由于金融交易和支付手段往往受到所在国或地区的政策和措施的保护，现在的苹果系列应用实践还只停留在移动交互的应用层面，尚未真正进入移动交易这个核心领域，一旦我们的智能终端率先实现移动交易和移动支付，那么真正的移动生活平台就离我们不远了，这其中蕴藏的巨大利益和商机我们也就可以去自由畅想了。

智能移动设备的使用时间一般都远高于PC，可以一直伴随在其主人身边。同时移动设备用户的隐私性又远高于PC端用户的要求。智能移动上网的终端体系，决定了终端之间的访问既可以是移动设备对移动设备，也可以是移动设备对PC设备的访问交互。不同体系的设备之间的交互访问，决定了应用的丰富性远胜于PC互联网智能移动通信设备在网络上与视频、音频的完美融合，如远程监控、远程即时会议、商务导航、车载系统、家电数码组合的客户端操作设备，以及基于隐私保护下可担当移动银行支付等——这些都是PC端无法比拟的。智能移动设备的随时性，决定了沟通与资讯的获取具有了PC设备无可比拟的优越性；高隐私性决定了移动互联网终端应用的新特点——数据共享时保障认证客户的有效性和信息的安全性。"小巧轻便""综合便捷"及"高安全性"这些特点，决定了智能移动终端与移动互联网的生命力。非现场经济现象不仅促进了人们从固定劳动时间、固定劳动场所中解放出来，还将进一步运用智能移动PC，将人们从定点的PC中再次解放出来，此时真正的、完整的非现场经济时代也就到来了。

现在我们可以讲，智能移动终端和移动互联的诞生，将标志着固定PC鼎盛时代的终结！我们也可以简单地归纳为：中国的智慧经济将主要表现为非现场经济现象,而非现场经济的影响力,很大程度上又通过智慧技术支撑下的智能终端及其应用程序表现出来。而这些新经济形态也基本上将反映在智能终端的应用开发上(物联网应用终究也要反映在智能移动终端上),智能移动终端支撑下的非现场经济现象成了我们智慧经济的核心表现形式,也将成为当今和未来中国新经济研究的热点。在智能终端和移动互联支撑下的未来经济,一定会呈现出"非现场经济"和"局部无人化经济"的趋势,这是由智慧劳动"成本极低"和"速率极高"这两个特征决定的,是人类发展历史的必然,谁也阻挡不了。

智慧经济时代将呈现出一个新时代特征:智能移动终端支撑下的非现场经济。

第三节　典型非现场经济现象

当前,从虚拟空间中的软件、数据应用和电子商务,到现实世界中的实体经济,非现场经济现象随处可见。无处不在的通信网络正在与初期的可再生能源——互联网、处于萌芽状态的自动化物流、交通运输网络、人工智能和新型社交相连接,以扩大全球影响力,从而建立一个分布式的智能生活体系。互联网金融、慕课(MOOC)、自媒体等在这一智能体系中发展起来。超级物联网涵盖范围更广,其目的是在担当全球大脑的、不可分割的智能网络的整个经济链中将所有事物与人联系在一起。在移动物联网不断扩大的基础上,智慧城市建设、工业4.0、创客运动等以非现场经济为主形态不断涌现,成为新经济发展的内生动力。

一、电子商务

电子商务是利用微电脑技术和网络通信技术进行的商务活动。狭义上讲,电子商务(electronic commerce,简称 EC)是指,通过使用互联网等电子工具

（这些工具包括电报、电话、广播、电视、传真、计算机、计算机网络、移动通信等）在全球范围内进行的商务贸易活动,是以计算机网络为基础所进行的各种商务活动,包括商品和服务的提供者、广告商、消费者、中介商等有关各方行为的总和。一般人们理解的电子商务是指狭义上的电子商务。广义上讲,电子商务一词源自 electronic business,就是通过电子手段进行的商业事务活动,通过使用互联网等电子工具,使公司内部、供应商、客户和合作伙伴之间利用电子业务共享信息,实现企业间业务流程的电子化,配合企业内部的电子化生产管理系统,提高企业的生产、库存、流通和资金等各个环节的效率。联合国国际贸易程序简化工作组对电子商务的定义是:采用电子形式开展商务活动,它包括在供应商、客户、政府及其他参与方之间通过任何电子工具,如 EDI、Web技术、电子邮件等共享非结构化商务信息,并管理和完成在商务活动、管理活动和消费活动中的各种交易。

20 世纪末,随着电子数据交换的发展,电子商务开始起步。至 21 世纪初,全球电子商务进入了一个快速增长期。然而,电子商务发展至 2015 年却遇到严重的整体发展困境。特别在中国,传统电商简单的信息交互式平台模式,加上多数电商的拿货制与代理制导致了电商业的无序发展。导流成本、虚假刷单、暴力刷屏、三无产品混杂、投诉无门等现象,不仅威胁到电商自身发展,也严重伤害到了优质品牌厂商。如今的优质品牌厂商只要触网就等同于接到了死亡之吻,几乎都逃脱不了极速兴奋且快速死亡的命运。国内某知名化妆品公司经过十几年的奋斗,立足科技创建品牌的基本路线,每年投入利润额的 12％进行新产品研发,组成跨国、跨界顶尖研发团队,致力于让自己的每一款产品都成为全国科研智慧的真正结晶,将品牌打造成中国知名的科技时尚大众品牌。同时斥巨资请明星代言,品牌形象更是深入人心。企业就是这样一步一个脚印,奉行多元、乐观、创新、冒险的企业精神,在生产实力、科研力量、渠道建设、品牌精髓等各个方面均跻身行业前列,成为国货自强的代表性品牌。但也正是这样一个优秀的企业,自触网以来却成了极速兴奋与快速死亡最为典型的案例。据该公司副总裁表示,2005 年该品牌化妆品销售过亿,2007 年公司进行多渠道的业务开拓,并进入专门的电视购物频道涉足电视购物,用了两年时间做到全国第一;2010 年试水电商业务,2013年销售排名进入淘宝化妆品前十、国货类前五。相关统计结果显示,2014年10月,该品牌在淘宝全网月销售额超过5000万元,仅次于雅诗兰黛(7110万元)和巴黎欧莱雅(5565万元),位居第三名,并超越百雀羚成为国产品牌第一。同年10月,在唯品会、聚美优品、乐蜂网以及京东分别实现2600万元、1450万元、360万元和348万元的销售额,其中在唯品会和聚美优品均排名美妆类第一。到了2014年7月,该品牌进入微商领域,2014年年销售额已超过50亿元,该品牌微商业绩也实现了每月过亿的销售额。综合各电商平台的数据,短短三年电商国货第一的成绩便实至名归。但极速兴奋之后就是品牌的快速死亡。不久前,该品牌在淘宝和天猫店的动态评分多数"泛绿"——在淘宝和天猫,动态意味着该评分比同行业的该项评分高或者持平,泛绿则意味着低于同行的平均水准。在三皇冠商城的"官方授权专卖店"评比中,评分是"描述4.7,服务4.8,物流4.7",亦全绿。急速扩张的微商代理模式,不但存在着因层层分销导致的进货成本的巨大差距,也使得该品牌的"招代理"愈发向传销靠近,并有不少消费者给出了"垃圾""虚假发货"等极度负面的评价。

因现有电子商务行业无法自我规范、无法自律导致的代理难、业绩下滑成了多数电商面临的致命难题,也使得各品牌厂商遭遇到了触网的死亡之吻,传统B2C、C2C以及微商的寒冬似乎越来越近了。究其原因,现行电商1.0体系下的厂商不分离、店商不分离的拿货制与代理制是罪魁祸首。在这种制度下,电商平台仅仅是一个产品与客户的连接平台,根本无法规范各方利益参与者的行为。如业内一人士所言,在这样的电商1.0体系下,所有拿货者和代理制下的电商们(B2C/C2C/微商)想要挣钱,最好的办法就是几个月就换一批产品!于是乱价、串货、夹货、假货、抢流量、拉人头、变相传销等现象就变得习以为常,此时不论多好的品牌产品商,只要触网就必定迎来极速兴奋与快速死亡的结局。那么厂商自己开店、自己经营是否就能逃过电商1.0体系下的死亡之吻?答案是否定的。因为这样只解决拿货制,并未解决因被动搜索分发功能带来的伪造流量、刷单等问题,厂商店商还是没分离,只是将企业电商营销内化了,而内化的结果是要么不追求业绩,要么再度变相地外化,这样又回到了前面电商1.0的原点。电商乱象表现在厂商产品、渠道与线上线下的全过程存在,是新时代社会信任体系缺失的典型表现。

通过电商发展过程的这个典型案例,我们可以看到人类社会进步的进程遇到了一个大问题:智能科技高速发展,推动了人类文明进入一个崭新的非现场经济文明时代,但由于其社会活动形式与经济形态发生了根本性转变,原有的建立在高度集中的现场化生活环境之上的、由大工业革命构建起来的社会信任体系、社会规范、社会秩序、经济规律、社会经济制度和政治体系等已经不适应时代需求了,非现场经济时代需要一个新的社会规范和社会秩序。

二、互联网金融

以互联网为代表的现代信息技术(尤其是第三方支付、搜索引擎、社交网络及云计算等)对人类社会金融模式产生的颠覆性效应,导致出现既相异于以商业银行为代表的间接融资,又不同于以资本市场为主体的直接融资的"互联网金融模式"。当前,许多基于互联网的金融服务模式应运而生,并对传统金融产生了深刻的影响和巨大的冲击:余额宝的横空出世,仅用不到半年的时间就达到了近2000亿元的融资规模,导致银行存款大量流失;P2P发展迅猛,规模也已超过了1000亿元,极大地冲击了传统的单纯资金中介。互联网金融迅速成为社会各界关注的焦点,并正在悄然改变与重塑着现有的金融体系和服务。[①]

按照有效市场假说,信息是现代金融的核心。在促进金融资源有效配置的所有信息中,最为关键的是资金供求双方的准确信息。而在互联网金融模式中信息甄别与处理是它与传统金融相比最大的优势:一是搜索引擎的出现对信息的排序与甄别能使我们有效地缓解信息超载的难题,进而更有针对性地、最大限度地满足不同的信息需求;二是大量的社交网络不断地产生、释放与传递信息,尤其是没有法律义务必须对大多数个人与社会机构披露的信息;三是以云计算为代表的互联网技术的大力发展,有效地保障了海量信息可以被高速处理。这些特征的综合与交融造就了互联网金融在云计算等技术的强有力保障下,资金

---

① 谢平,邹传伟.互联网金融模式研究[J].金融研究,2012(12):11—22.

供求双方的重要信息可以通过广泛的社交网络生成与传递,这些信息又不断地被搜索引擎排序与甄别,并最终形成在数理分析中连续动态变化的信息时间序列,进而获得资金需求个体的不同风险定价状态。并且,由于互联网技术的应用,使得获得这样的信息成本极低。最终,金融活动可交易的信息平台就产生了。①

之所以称互联网金融是典型的非现场经济现象,是因为互联网金融模式涵盖了以下核心内容:

第一,第三方支付。这是具备一定实力的非银行机构,利用计算机技术,在用户与银行支付结算系统间建立连接的电子支付模式。从第三方支付的发展来看,第三方支付的运营模式可以分为以下两种。一种是第三方支付平台不依托于电子商务平台,只是作为一种支付工具和渠道存在,简称独立的第三方支付,以快钱、汇付天下为代表。另一种是依托于电子商务平台,这种简称为担保性第三方支付,以支付宝为代表,在这种模式下,只有在买方确认收货的情况下,第三方支付才会把货款支付给卖方。第三方支付公司以手续费和利息等为收入来源。

第二,P2P网络借贷。这是投资者和筹资者通过互联网平台进行资金借贷双方相匹配的一种模式。P2P模式最早在英国创立,目的是为借款人和贷款人提供一个交易平台。最初它只是一个中介的角色,不干预借款人和贷款人的交易,只提供一种贷款的渠道。但是P2P发展到中国以后,性质从根本上发生了变化,P2P网络平台开始介入交易之中。目前我国P2P网络平台的运营模式是,一方面P2P网络平台以理财产品等形式向客户进行融资,以便吸引资金进行放贷;另一方面P2P网络平台以自己的名义向借款人贷款。据网贷之家不完全统计,目前全国活跃的P2P网贷平台大约有800家。

第三,大数据金融。这是利用大数据、数据挖掘和云计算等互联网技术对客户消费的非结构化数据进行分析,掌握客户的消费习惯和信用级别,并将分析结果用于相关金融工作的一种模式。目前大数据金融主要以阿里小额贷款和京东金融为代表。阿里小额贷款凭借自身的电子商务系统形成的半结构化数据对商

---

① 皮天雷,赵铁.互联网金融:范畴,革新与展望[J].财经科学,2014(6):22—30.

家进行信用贷款。京东金融则以自己为核心企业,为自己的供应商提供担保,获得银行贷款。

第四,众筹融资。这是项目发起人通过互联网平台筹集资金并且向投资人支付收益的融资模式。众筹融资模式的核心是互联网平台,这是因为在该模式下通过互联网平台把筹资者和投资者联系起来,使他们能够进行有效的沟通,促成融资活动的完成。众筹的商业模式按其复杂程度可以分为三种:一是捐赠和赞助模式;二是预售模式;三是借贷和股权投资模式。其中通过预售产品或服务吸引投资者获得融资的模式被广泛应用。

第五,信息化金融机构。这是利用互联网技术对传统的金融机构的业务流程进行改造和重组,实现流程信息化的新型金融机构。目前这类金融机构存在三种商业模式:第一种是传统金融业务电子化模式;第二种是基于互联网的创新金融服务模式;第三种是金融电商模式。

第六,互联网金融门户。这是指利用互联网提供金融产品和服务的平台。互联网金融门户将各大银行、证券等公司的金融产品陈列在平台上,供客户搜索和比价,以便客户找到最适合自己的产品。在该模式下,互联网金融门户只相当于中介的作用。它不会干预交易双方,并且交易资金也不通过该平台,所以互联网金融门户降低了互联网金融的风险。[①]

在互联网金融模式下,支付便捷,超级集中支付系统和个体移动支付统一;信息处理和风险评估通过网络化方式进行,市场信息不对称程度非常低;资金供需双方在资金期限匹配、风险分担等方面的成本非常低,可以直接交易;银行、券商和交易所等金融中介都不起作用,贷款、股票、债券等的发行和交易以及券款支付直接在网上进行。市场充分有效,接近一般均衡定理描述的无金融中介状态,可以达到与现在资本市场直接融资和银行间接融资一样的资源配置效率,在促进经济增长的同时,还能大幅减少交易成本。更为重要的是,在互联网金融模式下,现在金融业的分工和专业化被大大淡化了,被互联网及其相关软件技术替代了;企业家、普通百姓都可以通过互联网进行各种金融交易,风险定价、期限匹

---

① 谢平,邹传伟,刘海二.互联网金融手册[M].北京:中国人民大学出版社,2014.

配等复杂交易都被大大简化、易于操作了;市场参与者更为大众化,互联网金融市场交易所引致的巨大效益更加普惠于普通老百姓。这也是非现场经济下的更为民主化且非少数专业精英控制的金融模式。

三、工业 4.0

德国"工业 4.0"的概念最早提出于 2011 年。此后,由德国相关行业协会牵头,来自行业协会、企业、政府和研究机构等产官学专家组成"工业 4.0"工作组,进一步展开了对"工业 4.0"的研究。2013 年 4 月,该工作组向德国联邦政府提交了最终报告《保障德国制造业的未来:关于实施"工业 4.0"战略的建议》,得到联邦政府的高度认可。在德国联邦政府推出的《高技术战略 2020》中,"工业 4.0"被列为十大未来项目之一,表明"工业 4.0"已经成为德国国家战略的重要组成部分。[1]

概括地说,"工业 4.0"属于非现场制造业范畴,是基于对整个工业发展过程重新划分而提出的一个新颖概念。提出这个概念的德国产业界和学术界人士认为,随着技术的不断演进,迄今工业发展已经历了机械化、电气化和自动化三个阶段,可以将其分别对应于"工业 1.0""工业 2.0"和"工业 3.0"时代,而未来技术的创新和进步必然推动工业发展进入智能化阶段,亦即"工业 4.0"时代。智能化阶段的核心技术特征是"虚拟—实体系统"(cyber physical systems,CPS,或称为信息—物理系统)。"虚拟—实体系统"是指,在传统的互联网、信息系统基础上,加入物联网、服务网,使现实世界与信息网络紧密衔接、融为一体。在工业领域,"虚拟—实体系统"的具体表现形式是"智能工厂",主要包括智能机器、数据存储系统以及能够实时传输信息、进行交互控制的生产设施。"智能工厂"的控制系统连接了原料、制造、物流和消费等各个环节,可以收集各环节传来的信息,以人工智能加以分析判断,决定具体的生产方案,并自动完成加工制造。这样,就形成了精准按需生产、高度个性化制造的模式,达到降低成本、提高附加值的目的。[2]

与前三次工业革命相比,工业 4.0 较大的进步在于利用互联网激活了传统工

---

[1]　参见德国政府下属高科技战略网站:http://www.hightech-strategie.de/。

[2]　吕铁,李扬帆.德国"工业 4.0"的战略意义与主要启示[J].中国党政干部论坛,2015(3):36—39.

业过程,使工厂设备"能说话、能思考",同时实现三大功能:较大程度地降低制造业对劳动力的依赖、较大程度地满足用户的个性化需求、将流通成本降到较低。工业4.0的创新不再仅仅局限于工厂的边界以内,创新触角延伸到用户端,传统的行业界限将消失,产业链分工将重组,并会产生各种新的活动领域和合作形式,工业创造新价值的过程逐步发生改变。在虚拟、移动技术支撑下,企业生产环境和方式会有巨大改变,员工将拥有高度的管理自主权,也将吸引更多具有不同教育背景、生长环境的人参与,这种协同的工作将进一步推动更多的创新,同时也有利于工业产业链上不同的企业间的无缝合作。CPS可以联系到所有参与的人员、物体和系统,有利于实际用户参与到产品设计与服务反馈过程中来,也有助于实现个性化产品定制。用户可以广泛、实时地参与生产和价值创造的全过程。

工业4.0是非现场经济制造业的典型代表,非现场制造业的出现引发了巨大的变化,它将ICT和生产制造深度融合,重新定义了制造业;工业4.0通过物联网技术改变了生产和消费的全过程;此外,工业4.0也在能源、物流等领域产生了巨大的影响力,改变着人们的生活方式,甚至人类对于存在的认知,真实推动了社会经济(包括实体经济、制造业经济)的发展从现场化走向非现场化。

四、智慧城市

作为人们生活和生产的载体,城市将不可避免地与信息产业技术发展趋势相结合,从而衍生出具备智能的城市级信息系统。智慧城市信息系统作为信息产业新技术融合的产物,将控制和协同城市居民的生活和生产活动,使之更加便捷、高效、安全、和谐。可以将城市比作一个有机的生物体,而将其信息系统比作生物体的神经系统。高等生物的神经末梢感受体内、体外环境的信息,通过周围神经传递到中枢神经进行整合加工,再经周围神经控制、协调生物体内部各系统的功能以及生物体和外部环境的平衡。物联网感知和控制终端是智慧城市的神经末梢,宽带通信基础网络构成周围神经系统,而云计算数据中心作为城市智慧的大脑,三者共同构成智慧城市信息系统,以协调城市这个庞大的生物体各系统的运转,以及城市和自然环境的平衡。城市将愈发依赖于这种高度互联、高度协同的智慧的信息系统。①

2008年,IBM公司首次提出了"智慧的地球"这一概念,进而引发了全球范围的智慧城市建设热潮。2013年版智慧城市白皮书对于什么是智慧城市做出了科学的解释:智慧城市就是借助现代信息通信技术来感测、传送、分析、协同、整合城市运行的各项关键信息,从而对包括民生、环保、安全、公共服务、工商业活动等在内的各种需求做出智慧响应。具体地说,是指充分利用信息化的先进技术,借助物联网、云计算、智能移动终端、大数据处理平台等,通过监测、分析、整合以及智能响应的方式,综合各职能部门,整合优化现有资源,加强城市规划、建设、管理和服务的新模式。②

智慧城市建设可以带动一大批具有广阔市场前景的新兴产业的崛起,催生新的经济增长点,促进消费升级、产业转型和民生改善,转变政府行为方式、提高政府效率,提高城市管理水平、提升城市的综合竞争力,是一项既利当前又利长远、既稳增长又调结构的重要举措。智慧城市建设已经并将持续推动众多领域的智慧化发展,如智慧交通、智慧建筑、智慧医疗、智慧环境等。智慧交通通过物联网等技术实现对道路信息的实时采集、整合及分析,提供基于交通预测的智能交通信号灯控制、交通疏导、出行提示等能力,解决传统交通中存在的道路拥堵等问题;智慧建筑即智能楼宇用系统集成的方法,通过将新兴信息技术与智能建筑技术相结合,使建筑物具有安全、高效、舒适、便利、灵活等特点,提高人们生活环境的舒适度;智慧医疗通过信息技术在医疗领域的不断深入应用,实现对医药卫生信息的全面及时掌握,实现跨机构、跨行业、跨区域的信息联动与整合,为用户呈现更加便捷、高效、有价值的信息聚合;智慧环境通过使用信息技术对水、空气等环境资源信息进行实时采集、监控及分析,及时发现和处理各种污染事件,提升环境管理决策水平,实现节能减排,解决城市所面临的环境污染、资源紧张等问题。

智慧城市是智能科技快速发展的产物,顺应了非现场经济新社群演变的需求。

---

① 汪芳,张云勇,房秉毅,等.物联网,云计算构建智慧城市信息系统[J].移动通信,2011,35(15):49—53.

② 刘晨鑫,张野.智慧城市发展现状及其面临的问题研究[J].科技创新与应用,2015(10):250.

五、创客运动

创客是指利用开源硬件和互联网将各种创意变为实际产品的人,他们将制造业搬到了自己的桌面上,电子服装、健康手环、智能手表、四轴飞行器、多功能游戏手柄、导电墨水、食物烹饪器等,用户能想象到的产品都有可能在创客手中实现。这种创客文化起源于美国硅谷的"车库精神",即敢于将想法在现实中实体化,在类似车库的地方将创意制作出来。创客空间由车库衍变而来,创客在这种带有加工车间和工作室功能的软硬件开发实验室里将创意变成产品原型,即实现从 0 到 1。这些产品原型大致分为可穿戴智能产品、智能家居产品、智能健康产品、物联网产品和创意工艺品等几类。在创客空间完成的产品原型可直接委托产品孵化平台进行设计优化和小批量生产;也可同时在众筹网站(如Kickstarter、点名时间)筹资,获得产品的早期资金和市场反馈。事实上,现在许多创客空间在产品设计和原型创造的基础上,还兼具了产品孵化和企业孵化功能,如深圳矽递科技有限公司、"北京创客空间"等,在这里不仅可以实现从 0 到1 再到 100,即从创意到产品原型再到小批量产品,还能给创客提供创业场地、管理咨询、投融资、渠道销售等服务。

2012 年,美国《Make》杂志发行人、"Make Faire"创办人戴尔·多尔蒂受邀参观白宫,被奥巴马授予"变革之星"。同年,奥巴马接见了数位创客空间的创始人,并推出了一个新政府项目,即未来四年在 1000 所美国学校引入配备 3D 打印机和激光切割机等数字制造工具的创客空间。同时,奥巴马在 2012 年签署了《促进创业企业融资法》和《就业法案》,推动更多众筹平台出现,为大众创新和创意发明提供资金支持。国外目前有 1000 多个可以分享硬件和生产设备的创客空间,并且正以惊人的速度增长。2011 年,将近 12000 个创客项目在美国 Kickstarter 众筹网站募集到近 1 亿美元;2012 年,1810 个创客项目在 Kickstarter 上成功募资 2.74 亿美元。

创客运动从美国硅谷来到中国大约是在 2009 年,时间虽短却发展迅猛,这点不足为奇,因为我国国内强大的制造业生态体系、丰富的人力资源、雄厚的资本和艺术积淀是创客扎根成长的肥沃土地。国内创客运动经过六年的发展初步形成了以北京、上海、深圳为三大中心的创客文化圈。深圳是国内创客产业链最完整的城市,被誉为创客天堂。创客在这里可以找到齐全的电子元器件、各类加工厂和技术工程人员,快速完成从创意到产品原型再到小批量生产的全过程;与深圳的务实高效相比,上海的创客显得气定神闲、回归本质,具有类似国外那种兴趣使然的创新氛围;北京创客更具有跨界协同创新及创业精神,因为北京是顶尖技术人才、文艺人才和资本机构云集的城市。

互联网对经济社会发展的深远意义在于影响和改变传统制造业的生产方式和发展模式。有人讲,创客是互联网带给制造业的一场变革,此言有两层含义,一是互联网技术和制造业的融合,如智能手机的出现;但更震撼的是指创客将互联网经济的宝贵经验和模式——"准入门槛低、快速实现、鼓励个体创新"带入制造业,并对制造业产生了深远影响。当前全球经济增速放缓,制造业正在探索一种类似于互联网的新兴制造业经济,这种需求为创客发展提供了内在动力。创客奉行的个性化定制和小批量制造,在大规模工业化生产流水线下是不靠谱的事,但通过互联网、计算机和开放硬件平台的结合,一切就会变得简单——集合众人智慧、按需设计、自我制造、个性生产的新工业体系出现在人们面前,带领制造业向着分散式和扁平式方向发展,每个创客都可以是一个微型制造工厂,即个体式制造。这或许是互联网引领制造业振兴的一次变革,能让制造业重新焕发生机。

经济发展终究离不开以制造业为主的实体经济。传统制造业专注于长尾模型中的头部空间,以满足大众基本需求为目标,规模化生产出利润丰厚的热门产品。但随着热门产品的同质化发展和激烈竞争,大众需求会逐渐向个性化需求分解,这是经济发展给消费者选择产品带来的必然趋势。创客在这种趋势利导下产生,它依靠开源技术和互联网引领制造业从中心化和大规模形态朝着个体式和去中心化的方向发展,更多的新型制造企业会专注于尾部利基产品所蕴藏的巨大需求和利润空间,根据越来越多元化和普及化的个性化需求来生产制造小众商品。小众商品并非需求量小,而是大众需求个性化分解的结果,相对于大众商品优势明显,这势必给个体式制造业带来机遇。当前,国内大型制造企业(如深圳富士康)和科技企业(如联想、小米等)也越来越关注创客,开始为创客提供生产条件、项目指导和资金支持。这些业界巨头与创客合作的动机之一是大企业缺乏新的增长点,他们希望在创客空间里找到更多未来盈利点,发现下一个"小米";动机之二是创客为传统制造企业获知用户个性化需求提供了一个便捷渠道,制造企业长期被国外大客户(如苹果公司)绑架,也非常想从这种依赖和束缚中解脱出来。若将来大型制造企业的高精端仪器设备和研发资源能面向创客放开,创客产品可能会从现在的"玩意"逐渐步入智能机械、建筑、化工、交通运输等支柱行业。诺贝尔奖获得者埃德蒙·费尔普斯在《大繁荣》一书中说到,真正的创新并非源于少数精英和自上而下的推动,而是一个基于大众的、草根的、以人为本的、自下而上的全民创造进程。多数创新并不是简单的新发明,而是商业模式和制度的创新,它由千万普通人共同推动,他们有权利自由地构思、开发和推广新产品与新工艺,或对现状进行改进。正是这种大众参与的创新带来了经济社会的繁荣兴盛。这也正是面向知识社会的下一代创新——创新2.0的精髓所在。传统的以技术供给为导向、科研人员为主体、实验室为载体的科技创新活动正转向以用户为中心、以社会实践为舞台、以用户参与和开放创新为特点的创新2.0模式。创新2.0是以人为本、以应用为本的创新活动,利用技术手段让所有人都有参与创新的机会。

创客运动的本质正是非现场经济的共享性大众参与。创客群体没有职业范围和身份限制,无论是学生、工人、医生还是艺术家、自由职业者,任何有创意且有激情将创意变为现实的人都能成为创客。在创客空间,既看不到高精端的大型仪器设备,也看不到众多发明专利和成果,有的是热爱创造的创客,他们以兴趣为导向、以创意为起点、以体验为动力,通过自我满足的创业方式将大众群体中蕴藏的巨大创新力挖掘和释放出来。

六、自媒体的壮大

自媒体(英文名为 We Media)又称"公民媒体"或"个人媒体",是指私人化、平民化、普泛化、自主化的传播者,以现代化、电子化的手段,向不特定的大多数或者特定的单个人传递规范性及非规范性信息的新媒体的总称。自媒体平台包括博客、微博、微信、百度官方贴吧、论坛/BBS 等网络社区。自媒体时代是以个人传播为主，以现代化、电子化手段，向不特定的大多数或者特定的单个人传递规范性及非规范性信息的媒介时代，人人都有麦克风，人人都是记者，人人都是新闻传播者。这种媒介基础凭借其交互性、自主性的特征，使新闻自由度显著提高，传媒生态发生了前所未有的转变。美国新闻学会媒体中心于 2003 年 7 月发布了由谢因波曼和克里斯威理斯联合提出的"We Media（自媒体）"研究报告，里面对"We Media"下了一个十分严谨的定义："We Media 是普通大众经由数字科技强化、与全球知识体系相连之后，一种开始理解普通大众如何提供与分享他们自身的事实、新闻的途径。"简言之，即公民用以发布自己亲眼所见、亲耳所闻事件的载体，如上述博客、微博、微信、论坛/BBS 等网络社区。

在自媒体时代，各种不同的声音来自四面八方，主流媒体的声音逐渐变弱，人们不再接受被一个"统一的声音"告知对或错，每一个人都在从独立获得的资讯中对事物做出判断。自媒体有别于由专业媒体机构主导的信息传播，它是由普通大众主导的信息传播活动，由传统的"点到面"的传播，转化为"点到点"的一种对等的传播方式。同时，它也是指为个体提供信息生产、积累、共享、传播内容兼具私密性和公开性的信息传播方式。早在 20 世纪，著名传播学家麦克卢汉就提出过"媒介即讯息"的相似理论。其含义是，媒介本身才是真正有意义的讯息，即人类只有在拥有了某种媒介之后才有可能从事与之相适应的传播和其他社会活动。媒介最重要的作用就是"影响了我们理解和思考的习惯"。因此对社会来说，真正有意义、有价值的讯息不是各个时代的媒体所传播的内容，而是这个时代所使用的传播工具的性质、它所开创的可能性以及带来的社会变革。论坛、博客、微博、微信以及新兴的视频网站构成了自媒体现存的主要表达渠道，然而随着个人用户对互联网的深度使用，以阔地网络为代表的个人门户类网站将成为自媒体的新兴载体。每一个成功的自媒体背后必然存在着一拨支持群体，博客所能提供的简单留言评论的方式已不足以满足建立一个忠实粉丝圈的需求，传统的做法是再辅以论坛和即时通讯，但是所有这些功能需求都已经被聚合到个人门户这种新兴载体中，因此个人门户理所当然地将成为自媒体的最佳表达途径。自媒体之所以爆发出如此大的能量和对传统媒体有如此大的威慑力，从根本上说是取决于其传播主体的多样化、平民化和普泛化。

2006年年底,美国《时代》周刊年度人物评选封面上没有摆放任何名人的照片,而是出现了一个大大的"You"和一台PC。《时代》周刊对此解释说,社会正从机构向个人过渡,个人正在成为"新数字时代民主社会"的公民。2006年年度人物就是"你",是互联网上内容的所有使用者和创造者。

从"旁观者"转变为"当事人",每个平民都可以拥有一份自己的"网络报纸"(博客)"网络广播"或"网络电视"(播客)。"媒体"仿佛一夜之间"飞入寻常百姓家",变成了个人的传播载体。人们自主地在自己的"媒体"上"想写就写""想说就说",每个草根都可以利用互联网来表达自己想要表达的观点,传递自己生活的"阴晴圆缺",构建自己的社交网络。

对电视、报纸等传统媒体而言,媒体运作无疑是一件复杂的事情,它需要花费大量的人力和财力去维系。同时一个传统媒介的成立,需要经过国家有关部门的层层核实和检验,其测评之严格,门槛之高,让人望而生畏,几乎是"不可能的任务"。但是,在这个互联网文化高度发展的时代,我们坐在家中就可以看到世界上各个地方的美丽风景,就可以欣赏到最新的流行视听,就可以品味到各大名家的激扬文字。互联网似乎让"一切皆有可能",让平民大众成立一个属于自己的"媒体"也成为可能。传统的新闻媒体将传播者与受众分得很清,它们是"自上而下""点对面"的传播方式。而播客式的自媒体打破了这种不公平的格局,新媒体不再有传者和受者的界限,每个人都是传者,每个人都能做新闻,"人人即媒体"。因此,在播客网站上,我们不再提及"受众"一词,而更习惯说"用户"。没有空间和时间的限制,得益于数字科技的发展,在任何时间、任何地点我们都可以经营"自己的媒体",信息能够迅速地传播,时效性大大增强。作品从制作到发表,其迅速、高效是传统的电视、报纸媒介所无法企及的。自媒体能够迅速地将信息传播到受众中,受众也可以迅速地对信息传播的效果进行反馈。自媒体与受众的距离为零,其交互性的强大是任何传统媒介望尘莫及的。

2014年11月22日,由新华网发起,在一群自媒体从业者、创业者、参与者的共同努力下,"4G入口—自媒体联盟"正式成立,随后自媒体向人们展示了其强大的力量:短短24小时内共发动了30个城市线上与线下联动,吸引3000多个著名公众号入驻,这些公众号覆盖了近五千万用户,涵盖了互联网、通信、科技、生活、时尚、汽车、财经、文学等众多领域。本次线上下线联动活动规模之大、影响力之高引起了业界巨大震动,自媒体用强大的号召力充分展示了其魅力。

随后,自媒体联盟的许多人提出以众筹智慧的方式编写一本关于自媒体发展与运营经验分享的图书。11月24日,图书编写工作正式启动,10天之后《自媒体的力量》成功问世,开启了一场众筹智慧的知识盛宴。《自媒体的力量》汇集了大量自媒体人的独到见解与成功经验,收录了来自自媒体最前沿的声音,千位自媒体人采取开放式创作方式,用不同的方式参与了本书的创作,他们讲述自己的故事、分享自己的观点。10天完成图书所有编写工作,这也成为中国自媒体发展史上的一个里程碑事件。"4G入口—自媒体联盟"成立之后,联盟持续发展壮大,影响力不断提升,截至目前,"4G入口—自媒体联盟"已经汇聚了30多万个自媒体公众号入驻,而这些公众号直接覆盖用户近两亿,当之无愧成为中国覆盖人群最大、发展速度最快的自媒体联盟。

自媒体是非现场经济传播体系的典型代表,伴随着自媒体的极速发展,原本"分享他们自身的事实、新闻的途径"的平台演变成产品信息和服务信息的传播工具。于是,自媒体电商、微商、企业自媒体业务平台,甚至社会公共管理自媒体服务平台纷纷出现,成了非现场经济渗透力的加速工具。

七、移动电商

移动电子商务(M-Commerce)由电子商务(E-Commerce)的概念衍生出来,传统电子商务以PC机为主要界面,是"有线的电子商务";而移动电子商务则是通过智能手机、平板MID、PDA(个人数字助理)等这些可以随时随身携带的移动智能终端,不分时间、地点地从事电子商务的商务活动。它与传统通过电脑(台式PC、笔记本电脑)平台开展的电子商务相比,拥有更为广泛的用户基础。

随着移动通信技术和计算机的发展,移动电子商务的发展已经经历了三代。

第一代移动商务系统是以短讯为基础的访问技术,这种技术存在着许多严重的缺陷,其中最严重的问题是实时性较差,查询请求不会立即得到回答。此外,由于短讯信息长度的限制也使得一些查询无法得到完整的答案。这些令用户无法忍受的严重问题也导致了一些早期使用基于短讯的移动商务系统的部门纷纷要求升级和改造现有的系统。第二代移动商务系统采用基于 WAP 技术的方式,手机主要通过浏览器的方式来访问 WAP 网页,以实现信息的查询,部分地解决了第一代移动访问技术的问题。第二代移动访问技术的缺陷主要表现在 WAP 网页访问的交互能力极差,因此极大地限制了移动电子商务系统的灵活性和方便性。此外,WAP 网页访问的安全问题对于安全性要求极为严格的政务系统来说也是一个严重的问题。这些问题也使得第二代技术难以满足用户的要求。最新的移动商务系统采用了基于 SOA 架构的 Web Service、智能移动终端和移动 VPN 技术相结合的第三代移动访问和处理技术,使系统的安全性和交互能力有了极大的提高。第三代移动商务系统同时融合了 3G 移动技术、智能移动终端、VPN、数据库同步、身份认证及 Web Service 等多种移动通讯、信息处理和计算机网络最新的前沿技术,以专网和无线通信技术为依托,为电子商务人员提供了一种安全、快速的现代化移动商务办公机制。移动因特网应用和无线数据通信技术的发展,为移动电子商务的发展提供了坚实的基础。推动移动电子商务发展的技术不断涌现,主要包括:无线应用协议(WAP),移动 IP 技术,蓝牙技术(Bluetooth),通用分组无线业务(GPRS),移动定位系统(MPS),第三、四代移动通信系统(3G、4G),移动电子商务提供的服务。

据相关机构公布,目前全球 52 亿移动用户中仅有 30％的智能手机使用率,剩余 70％的广阔市场待挖掘;目前中国移动互联网用户数已达到了中国互联网用户数的 80％,中国无疑将主导移动商务的革命。工信部公布的相关数据也证明了这一点,截至 2014 年 7 月,中国的移动互联网用户数已经达到 8.72 亿,这一数字远超于之前预测的 7 亿,而这一数字中手机网民贡献了 5.27 亿。艾瑞咨询发布的行业报告显示,2014 年国内第三方移动支付市场规模增长近 4 倍,交易规模达 59924.7 亿元,同比上涨 391.3％,预计到 2018 年国内移动支付交易规模有望超过 18 万亿元。移动端的电商趋势是不可逆转的,就现在的市场来看,PC 端正在逐渐萎缩,移动端才是未来的趋势。非现场经济标志着 PC 鼎盛时期的终结,不仅仅在于设备的定点与笨重,而在于智慧数据流的分发特征发生了根本演变,移动互联主动传输的分发功能将逐步替代 PC 被动搜索的分发主形态。非现场经济不仅带来了新社群性质、活动方式和组成结构的巨大变化,也引起了桌面互联的被动搜索向移动互联主动分发功能的过渡。

移动互联加速了社会的非现场经济的进程,但同时也由于主动传输的特性,对运用的规范性场景提出了更高的要求。为此,作为非现场经济学说创始人,我经过长期的一线调研,结合非现场经济学理论,首先在移动电商领域尝试重构无疆界的社会信任及规范体系,提出并设计了新型移动电商的 PTMC 模式(见图 1-1)。PTMC 理念的研究和模型设计是为了探寻非现场经济时代的电商 2.0 升级版,将 CA/COS 引入传统电商平台和倡导职业电商经纪人体系(推客战队),以图实现电商平台店(厂商)与商(推销商)的分离,开创非现场经济环境下规范的新电商时代。PTMC 模式首次将 CA 认证、CAOS 系统和 MPOS 系统直接应用于移动电商平台,解决了一直困扰电商平台的无法提供具有民事法律证据效力的认证体系问题,从而保障了解决次货、假货和争议的追溯通道真实有效的实施。同时,创造性地将推客体系(职业的电商经纪商)与全跨境电商平台融合,彻底推动店商分离进程,实现原始电商平台向非现场经济综合服务体系的升级转型,既解决了厂、店、商的分离和大众创业的规范化,也为电商的地方征税提供了落地的抓手,产生了一个正当的职业电商经纪人制度。所谓的 PTMC 模式,即非现场经济学新社群经济理论下的全新整合型移动电子商务模

图 1-1　PTMC 模式

式,采取全新移动互联平台与国际化孵化中心模式相结合的路径,实现的是产品商(P)、推客团队(T)、中间监管(M)、消费者(C)四体协同联动,是一个集专业孵化、专业生产、精英销售、第三方监管、大众放心消费为一体的电子商务平台综合体系。产品、团队、监管、消费者四者之间,精细分工,相互服务,相互支持,形成一个利益共同体。以"厂商直营的网店＋服务店＋产品第三方监管＋线上线下

导购联盟＋营销服务监管系统＋自主服务终端"的立体营销模式为手段,率先将专业生产、网络营销、连锁经营、传统渠道、综合服务、网络社群消费链和互动媒体等相整合。PTMC是利用技术手段通过参与者电子身份资格管理、行为轨迹管理来实现对厂商和推客的管理,直接间接地融合、接入社会公共管理体系,不再是原始的靠人管人、人管物,而是对物的数据流和传输的动态轨迹的管理;不再是多层次的直接实物控制,真正地实现了"厂商分离、店商分离"。在人员管理方面,PTMC直接通过电子身份证与类户籍及线上行为业绩来管理,不再是传统的"人盯人"。这一切都源于PTMC体系的民事行为的法律证据构成要件成熟技术和法律认可的规范。通过PTMC平台,厂家(包括所有进口、出口、内销厂商)、服务商和项目开发商能够把资源和精力集中在产品开发和生产上;取消代理商使专业电商省去了不少对商品技术、商品管理和存货资金的烦扰,充分顺应了新社群的动力需求;平台的第三方认证和监管追溯角色,促进和保障了移动互联网络生态的健康发展;而消费者也可以轻松自由、放心舒适地购物与换退货,四者各取所需。崭新的电商网络生态与新型社会信任体系被再度建立。

PTMC模式解决了长期困扰传统电商平台难以提供民事法律证据的技术难题,构建了次货、假货和争议解决的现行法制的追溯通道,健全了电子商务信用体系。PTMC模式集实体店、IT金融、传统电商等传统电子商务、移动电子模式的优点于一身,解决了B2B、B2C、C2C、C2B、O2O、ABC、BMC等电子商务模式再发展的瓶颈,并率先应用于推点商城的设计方案里。精准监管所有推客和电商的交易行为,有效破解了长期以来电商营业税、个税、社保难以征收等难题,有利于促进社会和谐。PTMC推点商城的诞生试图在电商领域率先尝试无疆域、无身份地位和高贱之分的新社会信任体系建构,标志着中国电商即将告别电商1.0时代,开始进入电商与大众创业规范的移动电商2.0时代。

移动电商是非现场经济里的典型业态之一,我们期望通过PTMC移动互联规范重塑的实践,来尝试整个无疆界、不在场社会信任体系重构的探索。

第二章　非现场经济概述

　　21世纪的智能科技发展迅猛,使得信息经济进入了一个更高级阶段。智能科技促成了信息经济向智能经济的一次超越,由信息交互功能转向了借助于智慧共享体系的智慧劳动应用。智能科技与智慧劳动展现出来的最为典型的社会特征是:由以现场活动为主的社会活动形态正逐步转向以非现场活动为主的社会活动形态。这样的人类历史发展进程里,"智慧"代替了"信息"二字,用"非现场"这一表述更能准确地把握住社会发展的主特征及当今世界经济的发展趋势。传统的信息经济理论以信息产品为主导,而更高阶段的信息经济则是以数据流为表现形式的智慧共享为主导,它发源于信息经济并超越信息经济。我们如能跨越传统的信息经济研究思维和路径,直接对智能时代下的高级阶段信息经济现象做些深入研究(特别是智慧共享体系的应用层面研究),也许我国对信息经济学的研究会在某个方面赶上或超过其他国家的新信息经济学研究。

　　非现场经济的渗透力决定了经济效益、工作效率与工作时长的直接关联度,呈现出了越来越松散的态势,这样的直接结果是:各种非现场活动的基础成熟了,使去地理属性的非现场活动形态成了人们社会活动的主要态势。非现场经济时代的智能技术集成和智慧共享体系改变了劳动的形态,新的劳动形态下的"智慧劳动"极大地提升了劳动的自由度和劳动的综合效能,导致了"智慧劳动"逐步起到主导经济的作用,资本不再是唯一的经济主导者。信息经济发展到这个高级阶段,智慧劳动将运用智慧共享平台的放大功能,逐步开始参与到主导新时代社会经济的变迁上来。这种新经济的主导作用不仅带来了智慧经济时代非现场经济现象的新繁荣,还将给我们整个社会经济的形态、社会经济的结构,以及社会财富分配及再分配的规则等,带来具有深远意义的变革性影响。以资本为主导的资本主义制度与市场经济体系将受到无情的涤荡。原本依靠地域属性和地位身份而建立起来的传统社会信任体系,也正在逐步失去其自身的基础,那它又将走向何方?

计算机、互联网、智能终端、物联网、云计算、人工智能、量子计算等智能技术的集成和协调作用推动了人类进步,我们可以用互联网经济、物联网经济、信息经济、云经济、量子经济等名词去解说某些社会现象。但是,这些名词只能反映智慧共享体系的一方面作用,无法涵盖智慧共享体系描述的这个新时代社会的全部特征。此时,知识经济、技术经济、新经济、数字经济、互联网经济等提法,均已不足以揭示这个时代带来的新经济现象的典型特征。因此,提出和确立非现场经济概念,揭示了人类新文明期的主特征,摆脱了工业革命经济研究的惯性思维,也将避免众多现代经济学说陷入描述过窄的误区。

第一节　相关概念界定

一、非现场经济意识

大工业革命加速了人类社会活动向高度现场化集中,典型的代表就是都市集中、工厂集中、定点工作场所集中。计算机技术的应用则又启动了人们的现场工作状态,逐步移向了定点的桌面电脑。随着移动互联技术与人工智能技术的发展,人们的工作状态和社会活动形态进一步从定点的 PC 再次转向了移动智能终端。当人们工作生活的主工具从定点 PC 转向移动智能终端,非现场活动也就逐步成为人们社会活动的主形态,这是一种逆工业化的社会活动趋势,人类社会活动开始表现出非现场活动化。智能革命则是把人类从特定的环境限制中再次解放出来,这是一次个性张扬的自由革命。

非现场经济的提出不仅是一个不同的提法,还揭示了智慧共享体系下的新社会主体特征和社会经济演变趋势,是人类历史进程中一个重大文明期的符号。由智能科技带来的自由革命,将彻底改变我们现有社会的结构和社会经济主导者,引发的产业革命与社会革命远比我们想象的复杂。非现场经济无疆界共享的特征,打破了地域思维和利益集团的惯性思维,建立在地域和身份地位基础之上的传统社会信任体系遭遇了无疆界、低门槛的无情挑战,非现场化的社会信任体系正在重新构建,进而引发了社会制度与各行各业横向、纵向的全方位变迁。

非现场经济不存在实体经济与虚拟经济之分,非现场经济不是虚拟经济,也不是简单地替代或覆盖实体经济。而是要求如何以非现场经济去带动实体经济顺应非现场化引发的社会变革,特别是去顺应非现场经济环境下新社群结构演变的趋势而升级转型,这绝不是简单的互联网化或"互联网+"就能完成的,是传统企业顺应非现场经济的发展趋势转型为新的非现场实体经济。我们的社会经济工作者、社会管理工作者、科技工作者等,都应顺应新科技革命所带来的非现场化新社群结构及活动的变化趋势,这就是非现场经济意识。移动互联、智能终端承载起的非现场经济活动时空,不仅仅表现在网络经济世界,还分别表现在了非现场新社群经济、非现场服务业、非现场金融业、非现场实业经济、非现场制造业经济,以及非现场区域经济、非现场公共管理、非现场民主、政治、军事等非现场意识之中。我们还能停留在以高度现场化为代表的大工业革命社会建立的各种理论体系之中吗?不,不仅不能停留在高度现场化的工业革命经济思维中,也不能停留在传统的 PC 互联思维中。六年前我就曾指出,非现场经济时代的到来将标志着 PC 鼎盛时期的终结!

因此,现今流行的"互联网经济""互联网思维"等提法已经无法涵盖持续性智能进步时代的基本特征,故提倡"非现场经济意识"。

二、非现场经济

非现场经济(Off-site Economy)是指,在智慧经济时代以智能化程度为时间节点,由智慧劳动引起的,相对于质能经济,反映当今社会由非现场活动的加剧而带来的社会经济变化,以及随之而来的社会结构变化相关的一系列经济现象和经济活动。

智能化程度的时间节点则以三个转变为标志:模拟传输向数字化传输转变、传感网与互联网的结合、智能科技与 ICT 科技的结合,它标志着真正的共享型智慧生活的开始,其主要表现形式是人们无疆界的高效的非现场智慧劳动活动。

非现场经济是对应于大工业革命前的自然经济和大工业革命的市场经济的又一个人类新文明的标志。市场是所有产权发生转移和交换的场所,市场经济(又称为自由市场经济或自由企业经济)是一种产品和服务的生产及销售完全由自由市场的自由价格机制所引导的经济体系。理论上,市场经济是自由的经济、公平的经济、产权明晰的文明经济,遵循"个人追求满足私欲的活动促进社会福利"的逻辑。实际上在市场需求的同时还是存在着一定的市场交换的游戏规则,这种游戏规则深受资本和社会信任体系的影响,然而"以智能化程度为时间节点,由智慧劳动引起的,相对于质能经济"的非现场经济以智慧劳动摆脱了资本唯一的主导影响,又以无疆界的低门槛参与方式动摇了由地域、身份地位和精英主导的社会契约建立的传统社会信任体系,重构"随之而来的社会结构变化相关的一系列经济现象和经济活动"体系。因此,非现场经济不再是一个不同场所(在线式)的市场经济了,而是一个由智慧劳动和智慧共享体系引领质能经济变迁的全新社会经济体系;一个需要通过"随之而来的社会结构变化相关的一系列经济现象和经济活动"进行重构的新社会体系。

三、非现场经济学

非现场经济学是对非现场活动引起的非现场经济现象的本身及其内在运行规律进行研究的学问,是在智慧化的智能时代,以经济学的思维方式,研究和分析非现场经济的特性和规律,以及其对当今社会变革和当今社会协作的综合影响力并做出经济评价。互联网研究主要集中在对互联网及其应用的研究,非现场经济学说则是对这个时代环境下的社会变革机理和新文明发展趋势的研究。

其研究的对象是非现场经济现象及这个现象中的智慧劳动,是对智慧劳动通过智慧共享体系成为新经济主导者而展现出来的非现场经济现象及其经济效能的研究。它是一门专门研究智慧技术与经济的本质联系、发展规律以及对社会影响力的学科,包括对智能移动终端、移动互联、移动物联、智慧共享体系等支撑非现场经济的各种现象,以及延伸出来的无人化经济现象和非现场安全经济现象等展开的研究。

非现场经济学研究的目标是,在新东方和谐哲学体系的指引下,多角度去解析智慧经济时代带来的各种社会现象的变化,找出非现场经济的基本特性和规律及其研究方向和研究路径,有助于人们从各自不同的研究角度或研究领域得出各自研究的正确结论。非现场经济学的研究并不是给非现场经济现象下结论,而是希望更多的人去关注它和研究它,不断地充实和完善这个新学科的理论体系,以便从不同的侧面去满足各自的实际应用需求。

第二节　非现场经济学研究范式与意义

一、非现场经济学研究的范式探索

我们已踏入了人类第三文明期——非现场经济文明期,无疆界平等的智慧劳动正通过非现场经济的智慧共享体系而逐步替代资本,成为社会经济引领质能经济变迁的新主导者。它引起的不仅仅是社会活动形态和微观经济层面上的改变,还涉及新时代社会文明进步的方方面面,直接挑战了工业革命的传统经济学、公共管理学、社会学、政治学等。社会经济、政治、军事等制度和社会综合体系也将围绕智慧劳动这个新主导者而再次展开。至此,非现场经济的研究诚然已超出了传统的经济学研究范畴。传统经济学根据理性假设人做出的行为决策已经不能给决策者带来最优结果,从而导致了所谓的社会困境(social dilemma),新兴经济学科在经验实证的基础上也只是对"理性人假设"的质疑与批判。非现场经济的研究则是回归哲学思考的追随社群变迁的研究,是站在认知哲学、社会哲学、科学哲学的未来畅想现在、创造现在的跨学科探索,是为顺应人类未来幸福生活而创造现在,避免由盲目性创造出一个不自觉的灾难未来。"当然,我无法预言 21 世纪中将会发生什么事情,但我可以表达这样一个期望,并且我认为就目前我们在智识史中所处的阶段来看,这一期望实在是有理有据,那就是随着放弃语言哲学、心灵哲学、伦理学、政治哲学与科学哲学中的认知偏见,比起以往任何时候,我们将可以获得更多的理论认识和更具建构性的理论说明。"[①]观察和研究非现场社会变革的趋势,需要我们去思考新时代社会主体的再认知,以及与非现场经济文明和社会经济新主导者相适应的社会信任体系、社会规范制度等新体系的重构路径。这就需要一个进步的新哲学体系支撑。

纵观西方经济学史,无论是以亚当·斯密、大卫·李嘉图等为代表的古典经济学研究,还是以马歇尔、庇古为代表的新古典经济学研究,理性思辨的规范研究或实验计量的实证研究各行其道。事实上规范与实证的"二分法"在西方经济学界一直备受争议。经过"凯恩斯革命"后,在经济学的研究方法上也形成了微观分析与宏观分析阵营,规范与实证的"二分法"更趋淡化。虽然有萨缪尔森的"可操作主义"和弗里德曼的"工具主义"之争,但经济学研究日益趋向于自然科学的研究手段,向实验实证方向发展。按照西方经济学者的解释,规范性研究是在若干假定的前提下,依据事物的内在联系和逻辑关系,从纯理论上演绎推导出结论;实证性研究则是从调查、观测或实验获取的样本数据和资料中,发现事物的本原,从个别到一般,归纳总结出带规律性的结论。规范性研究的出发点和基础是一定的价值标准、行为准则,它从理论上对被研究的对象进行纯粹的逻辑思辨和数学演绎,对经济现象或经济问题做出合理与否的判断,通常要给出"应该怎样""怎样才是合理的"解说;实证性研究的出发点和基础是观测实验数据,通常要对被研究的现象做出"是什么"的回答。

人类进入了一个因智能科技高速发展和日益集成所推动的全新的非现场经

---

① 参见[美]约翰·R. 塞尔的《哲学的未来》一文。

济社会,非现场经济的研究既要回答"是什么",也要回答"应该怎样""怎样才是合理的",更重要的是,还要回答"新合理的社会环境中是怎样""合理是怎样形成的"。中国科学院院士、浙江大学教授唐孝威在《一般集成论——向脑学习》中指出,一般集成论是一门研究自然界、技术领域和人类社会中各种集成现象的一般特性和规律及其应用的学科。这门学科不仅研究集成作用和集成过程的一般特性和规律,而且探讨如何依据事物本身的性质有效地进行集成和创新的方法。[①]对于复杂的集成统一体,都要将其看作是它内部的各种成分通过集成作用而组成为集成统一体。要考察统一体内部各种成分是怎样相互作用的,统一体各部分是怎样相互配合和协同运行的等,涉及集成现象中互补、协调等许多概念。

借鉴唐院士一般集成论思维,我们可以把非现场经济的智慧共享体系当作脑集成一样来研究,这是一个全新的社会脑集成。非现场经济学说首先是建立在各种智能技术集成的基础之上(互联＋物联＋云计算＋大数据＋智能终端＋人工智能＋量子计算＝"智能技术体系"的集成态势),随之又集成进了社会动力机制(智能技术集成体系＋社会动力机制＋社会交换机制＝智慧共享体系)等,最终成就了非现场经济文明的大集成。非现场经济的集成不仅是观察智能世界和研究新文明各种事物的观点,而且也是处理新事件和解决新问题的方法,是将分散的各种成分进行有效集成,而构建成高效的集成统一体。非现场经济学的实践功能通过哲学、科学文化、工程技术、社会经济、社会管理等集成推动新的社会变革。

然而,非现场经济的集成又不同于一般集成,其具有特殊的共享性特征,这种集成的共享性又进一步促进了各学科的跨界平行发展。分析研究非现场经济各学科各要素的深度平行与集成共享特征,就是倡导:为了顺应非现场经济社会发展的规律而打破区域间、行业间的技术壁垒、技术保护主义和知识保护主义;改变工业革命遗留下来的直接、原始的知识产权保护制度,变知识产权保护为开放式的知识共享体系,采取知识与技术的共享机制和相应的间接利益分配制度来激励知识传播者与技术发明的共享者。只有共享知识、共享技术才能消

---

① 唐孝威.一般集成论[M].杭州:浙江大学出版社,2011.

除跨区域、无疆界的高新技术的发展障碍;只有共享知识、共享技术才能保障知识快速转化为非现场社会的有效价值;只有共享知识、共享技术才能保障知识真正成为人类共有的财富。

平行的集成和集成的平行均指向非现场经济文明这个目标,最终将形成包含新时代哲学、自然科学、社会经济、意识领域和社会治理体系在内的完整的非现场经济理论体系。这是一个不同于重商主义、古典经济学、新古典经济学、理性假设范式的非现场经济学新范式。

二、非现场经济研究的意义

非现场经济研究是一种有根有源且与时俱进的"现在的思维"(living thinking),不是一种"过去的思想"(past thought),是从人类文明历史发展中找到的思想精华,同时它更是一个"未来的思维"(future thinking),是站在未来回看现在!

进入 21 世纪,互联网经济特别是移动电商取得了惊人的成就,加之移动自媒体展现出超强的民众参与性,结合人工智能化、工业 4.0、量子计算等最新研究趋势,再次将探讨非现场经济学说和非现场经济意识认知力的需求带到了一个新高潮。非现场经济影响力正急速地渗透到社会的各个层面,直接引起了非现场经济环境下社群结构与社会协作关系变迁的加剧。这种由高新智能科技带来的社会协作关系的变迁,正改变着我们的社会交往方式,影响并快速地改变着我们的幸福社会生活模式。公开、公平的知识技术的共享所引发的非现场智慧共享体系,导致了新社群的再度自由重组,使平民可以低成本参与社会经济活动,也正是这种公开性与共享性撕碎了"无知之幕"①,激发了他们争取自由平等的社会财富分配平等权。非现场经济文明提供了一个平民平等参与社会经济活动的有效解决之道,那就是平民们积极主动介入到非现场的智慧共享体系里去。智慧共享体系让平民平等参与社会经济活动成了可能,人们开始从关注集体、关

---

① [美]约翰·罗尔斯.正义论[M].北京:中国社会科学出版社,2001.

注单位、关注企业转向了关注个体、关注个体终端用户。由此确立了新主体思维中的共享特征,重构了无疆界的不在场的社会信任体系。社会智能化进程证明:非现场经济正逐步成为我们主流生活最为典型的表现形态,最终成就了非现场经济的核心动力机制——共享型社会大脑。智慧共享体系的形成与发育,推动了人类社会进入一个崭新的非现场经济文明阶段。

非现场经济时代破除了科学与技术的保护主义,促进了智能技术集成和智慧共享体系的形成,最终改变了我们的劳动形态。新劳动形态下的智慧劳动极大地提升了劳动的自由度和劳动的综合效能,导致了智慧劳动逐步起到主导经济的作用,使资本不再是唯一的经济主导者。信息经济发展到这个高级阶段,智慧劳动将运用智慧共享平台的放大功能,逐步参与到主导新时代社会经济的变迁上来。[①] 这种新经济的主导作用不仅带来了智慧经济时代非现场经济现象的新繁荣,还将给我们整个社会经济的形态、社会经济的结构,以及社会财富分配及再分配的规则等,带来具有深远意义的变革性影响,以资本为主导的资本主义制度与市场经济体系将受到无情的涤荡。智慧劳动正通过非现场经济的智慧共享体系而逐步替代资本,成为社会经济的新主导者。由于智慧劳动与资本的主导地位关系发生不可逆转的变化,导致了社会经济、政治、军事等制度与体系的变革均围绕着"智慧劳动"及"智慧共享体系"展开,不再是单一地围绕资本而展开。于是,新的无疆界(即全球化)的社会信任体系和社会经济制度将被重新构建,以大工业革命时期为代表的、以质能经济为核心的、围绕着资本建立起来的资本主义体系,也将随着资本地位的削弱与社会体系的去资本化而逐步瓦解,在此基础之上建立起来的资本主义社会体系也终将逐步地自动消亡。随着资本主义体系的逐步瓦解,非现场经济无疆界的社会文明制度将逐步借助于非现场经济的渗透力而自动趋于完善和同一,无疆界的社会体系不再单由政府机构或国际利益机构来制定,而是在大众平等参与的非现场的约定俗成中逐步形成。这种无疆域社会制度的全球化同一,只是全球化社会经济体制的游戏规则趋于同一,不是全球文化的同一。各民族文化将共存共荣,文化没有高低之

---

① 张为志.智能终端支撑下的非现场经济[M].杭州:浙江大学出版社,2011.

分,更不存在哪个文化将统领世界文化的可能。这是一个文明与文化的关系,各民族文化将共存共荣,社会整体文明则随着无疆界的全球化而趋同。社会经济体制同一趋势下的无疆域社会整体文明制度将再度形成,不再由少数利益集团(包括地域思维的国家集团)来制定,相反是由全球大众借助无疆界的智慧共享体系而普遍参与的"和谐共享思维"下的再次全体约定,自动形成新的社会经济体系与制度,旨在实施区域保护的各种技术壁垒和贸易协定也将成为人类的历史。

至此,我们可以看到,当人们以现场社会活动为主转向以非现场活动为主时,非现场经济的研究诚然已超出了传统的经济学研究范畴,引发的不仅仅是社会活动形态和微观经济层面上的改变,还直接涉及社会文明进步的方方面面,直接挑战着工业革命的知识产权保护体系以及传统经济学、公共管理学、社会学、政治学等学科,这集中体现在对新时代的社会主体及行为的认知上。非现场经济不仅是一个不同的提法,还揭示了智慧共享体系下的新社会主特征,是人类历史进程中一个重大文明期的符号。我们可以根据不同时期社群结构与主活动形态的变化,把以自然经济为代表的,以古代分散式现场交易、分散式现场管理为主特征的时期称为第一文明期;以市场经济为代表的,以两次工业革命集中式高度现场化为主特征的时期称为第二文明期;以高效非现场经济为代表的智慧共享社会称为第三文明期。三个不同文明期各自对应三个不同社会群体的结构和社会体系。

非现场经济学说顺应了无疆界、低门槛、高效共享社会发展的需求动力,尝试去探索在第三文明时代里,在破除知识保护主义而促进人类知识共享的基础上,实现公正、公平最大化与新社会信任的内在社会机制,以及去资本化的无疆界社会经济体系的重新构建理路。通过非现场经济的研究,我们倡导各行各业从社会发展的认知源头出发,一起站在非现场经济文明的未来,回头畅想现在和把握现在。这是企事业单位、社会公共管理等新环境转型升级的社会发展趋势的认知基础,特别是新产业、互联网经济的直接从业者、社会政策的制定者、公共管理者或研究者,应尽快摆脱大工业革命思维惯性和互联网经济思维过窄的束缚,重新探索和认知非现场经济文明的社会发展规律与主脉络。

第三节　参与非现场经济

科学技术的发展,首先把劳动者从繁重的体力劳动中解放了出来,提高了劳动生产效率,缩短了劳动者的固定劳动时间;到了信息经济时代,又把劳动者从单一、特定的固定劳动场所中解放了出来,呈现出劳动场所的多样性;如今的移动互联时代再从固定的 PC 到智能移动终端,实现的是更大的自由,一定程度上反映了劳动者在固定场所、固定劳动时间的解放程度。

人们凭借智能科技的急速发展进行生产,这不但表现在经济上各种要素(资金、劳动者、能源、技术)、各个领域(生产、流通、交换、消费)、各个主体(国家、企业或厂商、家庭或个人)间的最佳结合,而且表现在非现场劳动的加剧和劳动经济效益的急速提高。当非现场经济成为主流时,信息产业、知识经济、智慧劳动效能等几乎达到了"生死时速"。由于资本作为市场动力霸主地位的弱化,不靠资本力量而单靠智慧劳动也能快速产生新贵。信息流、知识流、智慧流交织成这个时代的主旋律,人们在拼命地捕捉信息、感知信息、加工处理信息、丢弃信息,运用智慧体系创造新信息、应用新信息,构成了一个智慧信息的生命循环网络架构。我们相关产业界的各路精英将会"毫不犹豫地、几乎没有选择地"加入到这股时代的智慧劳动的洪流之中。这种逐步脱离现场的自由劳动现象,将再次推动社会财富分配游戏规则的修正。

1971 年,哈佛大学的哲学教授罗尔斯(John Rawls)发表了他的《正义论》,在西方国家引起了巨大的反响。罗尔斯把正义理解为"作为公平的正义",其基本含义有二:一是前提的公平,即这种正义原则是在一种公平的原初状态中被一致同意的;二是目标的公平,即这种正义原则所指向的是一种公平的契约,所产生的是一个公平的结果。罗尔斯正义观念的基本内核是指社会的每一个公民所享有的自由权利的平等性和不可侵犯性。他指出:"每个人都拥有一种基于正义的不可侵犯性,这种不可侵犯性即使以社会整体利益之名也不能逾越。因此,正义否认为了一些人分享更大利益而剥夺另一些人的自由是正当的,不承认许多人享受的较大利益能绰绰有余地补偿强加于少数人的牺牲。所以,在一个正义的社会里,平等的公民自由是确定不移的,由正义所保障的权利决不受制于政治的交易或社会利益的权衡。"具体来说,这种作为公平的正义包括两个基本的正义原则。第一个原则是,每个人对与其他人所拥有的最广泛的基本自由体系相容的类似自由体系都应有一种平等的权利。第二个原则是,社会的和经济的不平等应这样安排,即使它们被合理地适合于每一个人的利益;并且依托于地位和职务向所有人开放。上述两个正义原则,第一个可称为"平等自由原则",第二个中的第一方面可称为"差别原则",第二方面可称为"公平机会原则"。第一个原则即"平等自由原则"主要涉及确定与保障公民的平等自由的方面,公民的基本自由包括政治上的自由以及言论和集会自由、良心的自由和思想的自由、个人的自由和保障个人财产的权利、依法不受任意逮捕和剥夺财产的自由。第二个原则涉及指定与建立社会及经济不平等的方面,大致适用于收入和财富的分配,也适用于权力地位和职务等的分配。其中"差别原则"是要求所有的社会价值(包括自由和机会、收入和财富、自尊的基础)都要尽可能平等地分配,除非对其中一种价值或所有价值的一种不平等分配合乎每一个人的利益,特别是合乎最不利者的最大利益。而"公平机会原则"是指上述不平等分配在必须合乎每个人利益的同时,还必须以权力地位和领导性职务向所有人开放为前提。①

罗尔斯的《正义论》属于假设性前提,可是在现实的工业文明社会里几乎不可能实现。工业革命社会里,平民生活平庸、未来渺茫,他们无奈地挣扎着存在于社会之中,他们渴望的就是获得社会的平等参与权与分配权。我们且看分散在世界各地的平民屌丝们的现状:

现代意大利存在着一群彻头彻尾不思进取的屌丝。意大利屌丝普遍月薪在1000欧左右。进了餐馆,基本上看不到意大利屌丝点菜,经常看到的就是四五个意大利屌丝在合吃一个比萨饼。走在米兰的大街上,别看意大利男屌丝们一个个穿得溜光水滑,身材倍儿棒,个个长得跟"大野模"似的,其实他们都是常年

————————————

① [美]约翰·罗尔斯.正义论[M].北京:中国社会科学出版社,2001.

在码头扛麻袋练就的一副身材。足球明星托蒂以前不就是在加油站加油的吗？意大利屌丝一辈子把有限的精力和时间全用在吃和聊天上了。一到周末，意大利屌丝穿戴整齐，早早地来到咖啡屋，点上一杯咖啡，边喝边吹牛，边等美女的出现，反复续杯，一杯咖啡能喝到下午 2 点，肚子饿得实在不行了才点一份帕尼尼或者一片比萨苟且凑合一顿，美女出现才舍得请人家吃顿正餐，结果还是通心粉。意大利的屌丝史是渊远流长的，是一部书写不完的屌丝史。

美国"Y 世代"（"千禧一代"）的年轻人也处于困境。这群年龄在 18 至 29 岁的年轻人从小被告知，他们必须上大学，将来才能找到一份体面的工作。然而，毕业之后，只有少数的工作是提供给年轻人的，且往往并不需要大专以上的学历。《大西洋月刊》曾指出，数据显示，53％的应届大学毕业生失业或就业不足。就业不足当然比失业好，但很多工作的薪酬根本无法支付学生的贷款和债务。大学毕业生平均欠债大约为 2.5 万美元，现在美国的学生贷款债务总额超过一万亿美元。"Y 世代"几乎是社交媒体的主人，他们最常见的技能主要集中在网络营销和社会媒体，例如博客、社交化媒体和网络新闻等。虽然大部分"Y 世代"也设有个人网站，或是积极出现于社交媒体，但很多人可能并不知道如何使用这些工具，更不用说将它们用于商业用途。然而，就目前的经济状况而言，虽然很多年轻人有创业的野心，但毕业之后他们更可能只从事低薪的工作，赚取微薄的工资，难以走上创业之路。

在香港，年轻人这个概念可以放得极其宽泛，至少到四十岁。其实乍一看，香港年轻人的生活是很光鲜的，家庭月入八万以上，有自己的房子可以住，出门吃一顿人均四百港币左右的饭不用纠结，可以去比较时髦的发廊理发、玩 NGO 和极限运动。香港地铁上的名牌包包相当密集，女孩子们可以拿一只最新手机，开着每月几百块的无限 4G 流量套餐，在车厢里看各种视频。香港的年轻人就这么简单而快乐地生活着。但很多年轻人却负担不起"长大"的代价。统计数据显示，香港有很多年过三十还没结婚想法的人，结婚多年仍不愿意要孩子的人占比也非常大。大家收入看上去都不错，有的甚至非常不错，可即便如此，香港的房价仍然不是他们"跳一跳"就够得着的。于是，拿着手里的钱，吃喝玩乐、买包、换手机、出国什么都可以，就是不要问以后会怎么样。于是大家都不愿意翻过那面镜子去面对狰狞的现实，最好的麻醉剂就是不断地告诉自己，我还年轻，我还不想稳定下来。结婚成家养孩子简直是成功人士的特权。其实，香港的年轻人觉得"没希望"，并不是因为事业没发展或是生活太枯燥、苦闷，而是因为他们要被迫"年轻"下去，持续地享受生活，全情投入到消费文化造就的每一个舒适的角落。可是当他们想当"大人"，想有一个"家"时，却发现这样的人之常情才是最为奢侈的需求。

现今的日本青年不但喜欢独自"宅"在家里，而且更希望"宅"在日本国内，宅文化已经从家庭培养到社会，甚至培养出了部分年轻的"超级宅人族"，这些长期宅在家里的日本青年，不工作、不学习、不社交、不进修，全职待在家里混日子，其中相当一部分甚至每天足不出户，生活上完全依赖父母照顾，逃避现实，拒绝与他人接触，社会交际通常也只在网络上进行。日本实行新自由主义经济政策以来，打破了各种限制，鼓励年轻人创业，鼓励优胜劣汰，造成了日本社会贫富差别、首都圈与地方差别扩大，也造就了一批一攫千金、一夜暴富的具有前瞻性的人物和企业。但这不符合日本"纵式社会"的集团原则，按照日本人的"序列意识"，他们可以接受一个从底层做起、到了一定年龄家财万贯的人，但对那些靠玩玩股票、动动鼠标就一夜暴富、在日本社会"横空出世"并产生巨大社会影响的年轻人是无法接受的。日本人多数认为靠不断的辛苦流汗、长年奋斗获取财富才是正道，而凭借小聪明和投机一夜暴富则被视为歪门邪道。在日本，这些"新自由主义经济政策"的弄潮儿和幸运儿必定是痛苦的。

相比起来，如今的中国大陆的草根（屌丝们）可幸运多了。转型期的中国给屌丝们提供了真实创业的机遇。这不仅在于中国的智慧共享体系应用走在了世界前列，还在于这种借助于智慧共享体系的放大功能而"脱屌暴富"的现象在中国是被接受的。马云这个十年前的大屌丝一跃成为中国首富，不仅被国人所接受，也成了万众创业的楷模。屌丝经济现象已经或正在成为中国社会经济的一个重要组成部分，而现实中存在的所谓屌丝经济、粉丝经济实质上基本是在消费屌丝、消费粉丝。于是新的问题又出来了：屌丝经济应该是消费屌丝，还是被屌丝们消费？这也许就是新生代年轻人、创客们、中小电商和转型企业家的困惑之本源。

　　罗尔斯的"原始的平等地位"不是实际的历史状态,而只是指一种"纯粹假设的状况"。这种"原始的平等地位"的最重要特点是任何人都不知道自己在社会中的地位、阶级立场或社会身份,也没有人知道自己在发挥天赋和才能的过程中命运如何,甚至不知道幸福的概念以及自己特殊的心理倾向。他把这种状况称为是"无知之幕",而正义原则正是在这种"无知之幕"的后面选择出来的。他认为,如果人们在明确自己的地位、立场和身份的情况下选择联合的基本条款,他们就必定会做出有利于各自的地位、立场和身份的选择,从而就无法达成符合正义要求的联合。而在"无知之幕"的掩盖下,人们就会按"最大最小值"的规则来选择制度安排。所谓"最大最小值"规则,就是指使选择方案的最坏结果优于其他任何可选方案的最坏结果。这显然不同于追求最好结果之理想主义的现实主义规则。罗尔斯认为,在这样的条件下,人们可能形成的正义观念,便是"作为公平的正义"。

　　阅读到此,我们显然看到,当《正义论》遇到了新时代的屌丝经济、粉丝经济,那些假设性前提条件也就不存在了。《正义论》在市场经济为标杆的工业社会里,利益博弈和社会经济实际控制的体系下的"可能形成的正义观念"只能成为美丽的画卷,工业革命下的市场经济体系里,我们根本无法指望既得利益阶层会自觉形成"正义观念",而去解决平民屌丝们参与和转型的困惑。然而,今天智能科技推动的非现场经济正悄悄走近我们,伴随着智慧共享体系的公开性与低门槛性,"无知之幕"正在被逐步地掀开。

　　"无知之幕"的开启及参与社会经济、社会管理的低成本、低准入性,推高了社会公平需求值,非现场经济秩序下的公正、平等再次成了社会的主焦点。非现场经济的智慧共享体系使得人们参与社会经济活动的门槛变得很低,工业社会造就的屌丝们不再是单一的被消费者,他们争取的是自由平等地社会财富分配的平等权,倡导在被消费的同时,也平等地参与消费别人。非现场智慧劳动的经济效益提高和分配规则的不自觉的自动改变,其展现出来的最终结果是:国民生产总值增加越快,贫富两极分化的速度也越快,剥削和被剥削的程度也将拉升,产生了"相对性贫富分化"加剧和"平民参与机会"概率提升同步的现象。单靠非现场劳动现象的出现无法消除贫富差距,其积极意义仅仅在于:人们的生活品质整体得到提升；富豪榜更新加快，平民具有了均等的竞争机会。整体生活品质的提升，使我们的社会发展将是"朱门酒肉臭"还会存在，"路有冻死骨"却再也找不到了；机会均等的可能将使但丁名言"生活于愿望之中而没有希望，是人生最大的悲哀"里的场景不再出现。当人们进入了非现场经济文明，借助于科学技术推动的智慧共享体系的日益壮大，迫使社会结构和社会制度情愿或不情愿地进行革命性变革。于是，人类社会开启了全新的文明历程，实现"既提升整体生活品质，又具有平民参与的机会平等"将成为可能。非现场经济文明初期，一方面非现场经济指数 FXC 上扬，劳动自由度带来生产率的提高，GDP 增量加快，财富创造的总量加大；另一方面非现场经济促使了智慧劳动的大发展，逐渐地成就了智慧劳动的经济主导地位。非现场经济的这种成就使我们逐步摆脱了资本主导型经济带来的"资本绑架"，开始进入一个智慧劳动与资本共同主导经济的新时代，为缺乏资本积累的广大平民带来了新的致富希望。

可是，我们也应看到，非现场经济同样将经历一个与资本单一主导型经济一样的发展历程，那就是"初期的促进社会经济"到"后期的绑架和阻碍社会经济"。非现场经济的快速发展，放大了信息经济所带来的数字鸿沟，此时的数字鸿沟已经不再是简单的贫富鸿沟，而是结合新的利益驱使，再次演变成所有人将自觉或不自觉地被非现场经济所绑架。这里的绑架已经不再是"谁绑架谁"了，既不是一个国家绑架另一个国家，也不是一个群体绑架另一个群体，而是统统被智慧技术所搭建的智慧共享体系再次绑架，并且呈现出一种自觉自愿的全新的被绑架趋势。此时的绑架不再是像"资本绑架"那样被经济主导者绑架，也就是说，新的绑架者不是新的经济主导者——"智慧劳动"，而是脱离了经济的主导者，被新经济主导者支撑起的非现场经济现象所绑架。世界大同，全球一体化的趋势将人们在国与国、群体与群体、群体与个体、个体与个体间的博弈从直接的资源博弈和资本博弈，演变到了知识的博弈、智慧劳动及智慧共享平台应用的博弈。这种博弈的发展趋势是，不论是博弈的哪一方都将自觉自愿地被非现场经济游戏规则所绑架，谁也不愿落后。这是不同于单一资本主导经济后期出现的"被资本绑架"，资本的绑架是资本成为唯一的经济主导者，而掌握资本的往往是特定的少数人群体；非现场经济的绑架并非是由智慧劳动作为新的经济主导者去替代原有的主导者绑架社会,而是非现场经济共享现象绑架了大家。这种绑架是"社会整体现象的绑架",绑架者既不是原有的主导者资本,也不是新的主导者智慧劳动,而是在特定的智慧经济时代里,由一种新兴的非现场经济所表现出来的新社会现象的机理绑定了社会经济的发展趋向,这种绑架行为并非是特定群体可以掌控的,它是一种社会性综合力量。

非现场经济通过"解放"和"绑架"这两个方面作用于社会经济,解放是形态的,再绑架是实质上的。如表 2-1 所示。

表 2-1 "解放"和"绑架"作用于社会经济的方式

解　放（形态上的）			绑　架（实质上的）			
时间形态	地点形态	参与形态	劳动经济效益	游戏规则	财富分配	判断时效

一方面,人们参与智慧技术应用的活动加剧,追求信息的完整性将越来越依赖于智慧技术。人们的判断思想、谈判思路等不知不觉地被智慧环境所绑架,劳动者的思想和信息获取,遭到了前所未有的平台式绑架。另一方面,借助于智慧技术,信息不完整性和信息不对称性带来的负面影响减弱,取而代之的,是"判断时效"与"系统控制"。

判断时效:人们的判断依据的主要是完整的信息量和对称的信息量。在智慧经济时代,随着借助于智慧系统公平获取信息渠道的完善,这种信息的不完整性和不对称性日益弱化,于是另一个现象被放大,那就是判断的时效性。这里的时效性包含获取等量信息的时间消耗,以及等量信息获取后做出的判断时间消耗两部分。这种时间和速度上的比拼,导致的结果只能是人们更自觉、自愿地被智慧经济体系所绑架。

系统控制:这里的系统控制不是指整个社会智慧体系被某个国家或某个利益团体所控制,而主要是指构成智慧体系的各大大小小的智慧平台系统不断地被创新、不断地被更替。

非现场经济文明表现出的解放,主要集中在劳动力的时间形态、地点形态、参与形态上的解放,体现的是人性的自由主张。可是,就整个社会经济面看,游戏规则和分配规则再次被智慧共享环境所改写,人们不再单单以劳动时间的多少或资本投入的多少来实施市场游戏规则和利益分配规则。这种通过"判断时效"与"系统控制"使劳动经济效益发生的改变,导致了市场游戏规则和分配规则的重新制定。这种解放也对应产生了新的实质性绑架,"自愿绑架"的程度将成为新规则的核心,使得这种绑架性剥削更具隐蔽性和合理性,成了人们争相追逐的"自愿绑架"的理由。这里"绑架"的词性属于中性词,不带有贬义,只有当你退出社会竞争,仅作为一个旁观者,笑看这个疯狂"过山车"时,"绑架"二字才又理性地回到了具有犯罪属性的词义上。非现场经济文明提供了一个平民平等参与的有效解决之道,智慧共享体系的公开性与共享性,使平民可以低成本参与社会经济活动,也正是这种公开性与共享性撕碎了"无知之幕",成了人们争取社会财富分配平等权的强大动力。

低门槛解决了平民参与社会经济活动的资格问题,却还无法解决数字鸿沟的问题,这就要求平民的参与还得能推动和主导参与社会财富获取、财富分配分离和新社会规则体系的重构。非现场经济学说就是顺应这种强大的需求动力,去探索第三文明时代里实现这种公正平等最大化的内在机制和去资本化的无疆界社会经济体系重新构建的理路与机理,推动平民主动介入到智慧共享体系里去,让平民在智慧共享体系里平等参与社会经济活动的同时,去推动一个更为平等的社会经济制度的重构。

第四节 技术基础

非现场经济现象的出现是由各种智能技术的综合运用所形成的智慧技术体系所引起的。因此,对非现场经济的考察应从智能技术的集成开始,至少应包含互联网、物联网、大数据、云计算、人工智能、3D打印技术、智能终端(如可穿戴设备等)、量子计算等这些核心的技术。

一、互联网的新发展(消费到生产)

在互联网商业化的新时代,最重要的发展就是从消费互联网转向了产业互联网。以智能手机为核心的移动终端设备引领的移动互联网进一步扩大了连接的范围,使随时随地通过互联网获取信息和服务成为可能。在移动互联网技术的驱动下,互联网已经通过不断的连接和聚合打破了传统产业的藩篱,极大地消除了信息不对称。与PC互联网相比,移动互联网的聚合能力更加强大,使得互联网逐渐从以消费为主的消费互联网模式向线下实体延伸、向产业靠近,出现了线上线下融合的模式。人们已经不再满足于便捷的服务方式以及物美价廉的消费,还想利用互联网向更广阔的领域挺进。此外,从互联网发展的逻辑来看,消费互联网时代属于巨头垄断流量及入口的时代,在这个时代,与消费有关的互联网入口及平台比较集中,并形成了大的平台,各大平台已经稳固占据着各自的领地,因此,消费互联网时代属于平台时代或者是互联网基础设施建设时代。移动互联网的出现打破了上述局面,它使入口分散化,互联网向线下实体与产业靠近,重视的是重度垂直与细分,虽然消费互联网时代的平台或生态很难再形成,但互联网对未来生活、产业的影响与改变却更大。从消费互联网时代的垄断到产业互联网时代的百花齐放,已经形成多元化的生态景象。

产业互联网的发展意味着各行业,如制造、医疗、农业、交通、运输、教育都将在未来逐渐互联网化。其带来的主要变革将分别体现在生产制造、物流体系和融资体系方面。[①] 在消费互联网时代,通用性商品逐渐趋于饱和,个性化、定制化产品与服务来自提供者。消费互联网造成的消费过剩时代即将终结,取而代之的是满足消费者个性化需求和参与感的时代,这就要求传统生产方式适应市场的变化,由企业主导转变为由消费者主导,生产从尊重消费者体验开始,进而构建以消费者为中心的生产模式。

因此,产业互联网在传统企业融合中的最大特点是,将原有企业为导向的规模型设计转向以用户为导向的个性化设计。从产品功能研发到产品包装设计,每一部分都通过互联网思维与用户建立关联,争取更广泛的互动,从而形成有效的生产制作方案,强调用户的参与度,尊重用户的个性化需求,如小米手机的生产模式,正是将消费者视为研发的参与者,根据消费者的需求进行产品定位与设

---

① 曹磊,陈灿,郭勤贵,等.互联网+:跨界与融合[M].北京:机械工业出版社,2015:35—37.

计。又如智能家居、可穿戴设备等正是从满足消费者个性出发而设计的。产业互联网时代的生产制造方式就是以企业为导向的规模型设计转向以用户为导向的个性化设计过程。互联网对物流体系的改造也是全面的,不仅仅是电商及线上线下服务促进了物流体系的全面建设,通过互联网还能对物流及配送的过程实时跟踪,解决客户顾虑的痛点。我们可以通过互联网随时查询商品、信笺的在途寄送信息。同时,还可以在重要设备及物品中嵌入电子芯片,通过电子芯片、物联网技术跟踪物品的动态及具体位置。此外,大数据技术、云计算及互联网地图、位置信息服务对物流体系的提升也是巨大的。在产业互联网时代,物流体系建设更加重要,传统企业应充分利用线下资源的优势拓展线上平台,并将线下的物流及售后服务等业务流程进行线上管理,最终实现线上线下一体化。产业互联网对物流交付平台和信息集成交易平台的建立是传统企业与互联网融合的一个重要的非现场化的发展方式。

二、超级物联网

作为历史上首次智能基础设施革命,新兴的物联网很可能会推动生产力的巨大飞跃。它将连接一个智能网络中的每台机器、每家企业、每个住户和每辆汽车,而该智能网络包括通信互联网、能源互联网、物流互联网等,一切都将内置到单一的操作系统中。仅在美国一个国家,就有大约 3700 万个数字智能电表在提供实时的用电量信息。10 年内,在美国、欧洲及世界其他国家和地区,每栋建筑物都将配备智能电表,而且每一台都将配备可以连接到智能电表和物联平台的传感器。2007 年,大约 1000 万个传感器将各种类型的人类发明连接到物联网上。到 2014 年,这个数字超过了 35 亿,预计到 2030 年,将会有 100 万亿个传感器被连接到物联网上,其中包括空中传感技术、软件日志、射频识别阅读器,以及无线传感网络等在内的其他传感设备将协助人们收集更广泛的大数据,如电网中不断变化的电价、供应链中的物流交通流量、装配生产线的生产流程,等等。反过来,智能基础设施将为每个物联网企业提供持续的大数据流,然后利用高级分析方法处理数据,从而创建预测算法和自动化系统,以此改进他们的热动力效率,进而极大地提高他们的生产力,并将整个价值链的边际成本降低到接近于零。

当前的物联网主要被用于智慧城市的建设中。传感器可以监测建筑物、桥梁、道路和其他基础设施的材料波动和状态,分析建筑环境的构造状况,以便适时做出修补。其他传感器可以监测街坊邻里的噪声污染情况、道路交通堵塞状况和人行道的密集度,以便优化出行路线。安装在街道沿线的传感器可以告知驾驶员哪里有可用车位,智能公路和智能高速使驾驶员了解最新的事故及堵车信息。一些保险公司也尝试在车辆上安装传感器,通过搜集车辆使用时间、位置、特别时间段行驶距离的信息来预测风险并制定保险费率。安装在公共照明设备上的传感器可控制设备根据周边环境的光照强度调节自身亮度。

物联网正迅速应用于自然环境,以便管理地球的生态系统。安装在森林中的传感器可以向消防员预警可能引发火灾的危险因素。科学家们在城市、郊区和农村安装传感器,以提醒公众相关的污染信息,公众可减少户外活动以避免暴露在污染环境中。物联网也正在改变我们生存和运输食品的方式。农民正在使用传感器预测天气,监测包括土壤湿度、花粉传播面积和其他影响产量的因素,并安装自动响应装置,以确保作物生长环境保持在最适应的状态。传感器还被安装在运送蔬菜和水果的货箱上,这些传感器既能追踪货物位置,又能通过分析货物气味判断其是否将要变质。在医疗领域,医生将传感器植入人体,监测包括心率、脉搏、体温在内的身体机能,以便提前采取措施。通用电气正在研制一种计算机视觉软件,该软件可分析病人在剧烈疼痛、发狂或其他痛苦状态下的表情,进而提醒医生采取必要措施。在不久的将来,人体传感器将与个人健康电子记录挂钩,使物联网可以快速诊断病人的身体状态。

物联网将人造环境和自然环境融合在了一个有序运转的网络中,所有人和事物在保护地球的前提下,都可以通过优化社会热动力学效率的方式实现彼此沟通,促进彼此的连接。如果说第一次和第二次工业革命的技术平台在实现市场交换和获取私利的过程中切断并封闭了地球上大量生物之间的关联,那么代表第三次工业革命的物联网平台则恰恰逆转了这个过程。之所以说物联网是改变人类经济生活的颠覆性技术,是因为它帮助人类重新融入复杂的生物圈,在不损害地球上生态关系的前提下大大提高了生产率。在循环经济中更有效地使用较少的资源,以及从化石能源向可再生能源的过渡都是新兴经济模式的显著特征。在非现场经济时代,我们每个人都是超级物联网构建的生物圈神经系统的一个节点。

三、作为发展趋势的大数据

大数据不是什么完全的新生事物,Google 的搜索服务就是一个典型的大数据应用,根据客户的需求,Google 实时从全球海量数字资产中快速找出最可能的答案并呈现出来。只是过去这种规模的数据量处理和有商业价值的应用太少,在 IT 行业没有形成成型的概念。随着全球数字化、互联网应用于各行各业,积累的数据量越来越大,越来越多国家的企业发现,可以利用类似的技术更好地服务客户、发现新的商机、扩大新市场以及提升效率,因此才逐步形成大数据这一概念。对于大数据,研究机构 Gartner 给出了这样的定义:大数据是需要新处理模式才能具有更强的决策力、洞察力和流程优化能力的海量、高增长率和多样化的信息资产。大数据技术的战略意义不在于掌握庞大的数据信息,而在于对这些有意义的数据进行专业化处理。单个数据并没有价值,但随着越来越多的数据累加,量变就会引起质变。换言之,如果把大数据比作一种产业,那么这种产业实现盈利的关键在于提高对数据的加工能力,通过加工实现数据的增值。大数据对于经济社会的影响及其发展趋势将主要体现在以下几个方面:

第一,数据资源化将成为最有价值的资产。随着大数据应用的发展,大数据价值得到充分体现,大数据在企业和社会层面成为重要的战略资源,数据的运用成为新的战略制高点,变成大家抢夺的新焦点。数据已经成为一种新的资产类别,就像货币或者黄金一样。目前,Google、Facebook、亚马逊、腾讯、百度、阿里等企业正在运用大数据力量获得商业上更大的成功,金融和电信企业也在运用大数据提升竞争力。

第二,大数据在更多传统行业的企业管理中得到应用。一种新的技术如果在少数行业应用中取得了好的效果,对其他行业就会有强烈的示范效应。大数据作为一种从数据中创造新价值的工具,将会在许多行业的企业得到应用,带来广泛的社会价值。大数据在科学管理企业方面会有更显著的促进作用。

第三,大数据和传统商业智能融合,行业定制化解决方案将涌现。传统商业智能领域将大数据当成一个新增的数据源,而大数据从业者则认为传统商业智能只是其领域中处理少量数据时的一种方法。大数据用户更希望能获得一种整体的解决方案,即不仅要能收集、处理和分析企业内部的业务数据,还希望能引入互联网上的网络浏览、微博、微信等非结构化数据。除此之外,还希望能结合移动设备的位置信息,这样企业就可以形成一个全面、完整的数据价值发展平台。

第四,数据越来越开放,数据共享联盟将出现。大数据越关联越有价值,越开放越有价值。尤其是公共事业和互联网企业的开放数据将越来越多。美国、英国、澳大利亚等国家都在为政府和公共事业方面的数据做出努力。而国内的一些城市和部门也在逐渐开展数据开放工作。

第五,大数据促进智慧城市的发展。随着大数据的发展,其在智慧城市将发挥越来越重要的作用。由于人口聚集给城市带来了交通、医疗、建筑等各方面的压力,需要城市更合理地进行资源布局和调配,而智慧城市正是城市治理转型的最优解决方案。由城市数字化到城市智慧化,关键是要实现对数字信息的智慧处理,其核心是引入大数据处理技术。智慧安防、智慧交通、智慧医疗等都是以大数据为基础的智慧城市应用领域。

第六,大数据在多方位改善人们的日常生活。大数据不仅用于企业和政府,也对我们的日常生活有着切实改善。在健康方面,我们可以利用智能手环监测睡眠,可以利用智能血压计、智能心率仪远程监控身在异地的家人的健康状况。在出行方面,我们可以利用 GPS 数据了解交通状况。在居家生活方面,大数据将成为智能家居的核心,产品通过传感器和控制芯片来捕捉和处理信息,可根据住宅空间环境和用户需求设置自动控制。

有人说大数据是资源,和油田、煤矿一样,可以源源不断地从中挖掘财富,但与一般资源不同的是,大数据资源是可再生的,越挖越多、越有价值。

四、3D 打印技术的运用

3D 打印被称为"快速成型技术"（rapid prototype technology），也称为"增材制造技术"（material manufacturing technology），又称"快速原型制造"（rapid prototyping manufacturing）。3D 打印技术产生于 20 世纪 80 年代后期，它是基于材料堆积法的一种高新制造技术，被认为是近 30 年来制造领域中的一个最重大的成果。近期，英国著名的《经济学人》杂志描述 3D 打印技术的前景是一种新型的生产方式，甚至能够促成第三次工业革命。3D 打印技术是在现代 CAD/CAM 技术、机械工程、分层制造技术、激光技术、计算机数控技术、精密伺服驱动技术以及新材料技术的基础上集成发展起来的。不同种类的快速成型系统因所用成型材料的不同，成型原理和系统特点也各不相同。但是，它们的基本原理都是一样的，那就是"分层制造，逐层叠加"，类似于数学上的积分过程。形象地讲，快速成型系统就像是一台"立体打印机"，因此得名为"3D 打印机"。

3D 打印技术是一项革命性技术，3D 打印制造不需在工厂进行操作，也就意味着无须机械加工或者任何模具。这毫无疑问将大大缩短产品的研制周期，提高生产效率并降低生产所需的人力资源成本。以目前的发展情况判断，3D 打印机之后，必将是社会制造的迅猛发展。简单地说，"社会制造"就是利用 3D 打印、网络技术和社会媒体，通过众包等方式让社会民众充分参与产品的全生命制造过程，实现个性化、实时化、经济化的生产和消费模式。因此，社会制造必将极大地刺激社会需求，同时有效地提升整个社会的参与程度，其直接结果就是社会就业率的大幅度提高，而传统的企业将转变为能主动感知并且响应用户大规模、个性化需求的智能企业。3D 打印技术必将改变人类未来的生产与生活方式。3D 打印与传统的集中化生产差别较大，主要体现在以下几个方面：

第一，除了创建软件外，人们几乎不需要参加任何操作，软件将生产过程全部承包，这就是将这一过程定义为"信息化制造"而不是"人工制造"的原因。

第二，在确保打印物品的程序和软件保持开源方面，3D 打印的早期从业者取得了很大进步，他们允许消费者通过 DIY 业余爱好者网站分享彼此的新想法。开放式设计理念认为商品生产是成千上万的用户相互学习、共同创造的动态过程。3D打印企业既免除了知识产权保护限制,也显著降低了产品的打印成本,而传统制造业企业则需要考虑诸多专利和成本因素,相比之下,3D打印企业更具优势。此外,开源的生产模式更能促进3D打印企业的指数增长。

第三,生产过程的组织方式完全不同于第一次和第二次工业革命。传统的工厂制造是一种减材过程。原材料被切割和筛选后,通过组装制造形成成品,在这个过程中,大量原材料被浪费。而3D打印属于增材制造,软件向熔料发送指令,层层叠加,制造整体产品。增材制造所需的原料是减材制造的十分之一,这大大提高了3D打印的效率和生产力。

第四,3D打印机可以打印机器自身的零部件,从而节省了昂贵的部件更换费用,也避免了因此而延误时间。伴随着3D打印机的兴起,产品还可实现个性化定制,根据订单以最低成本设计单件产品或者小批量产品。集中化工厂采用资本密集型的规模经济建设成本高昂的固定生产线,并进行大批量生产,但这种做法缺乏灵活性,而3D打印能够以几乎相同的单位成本定制单件产品。

第五,不断进步的3D打印因其强调材料的耐用性、可回收性和无污染性,为可持续生产带来了深远影响。

第六,因为物联网具有的分布式、协同及横向扩展的特点,拥有一台3D打印机就可以创业,并连接具备第三次工业革命基础设施的任何地点,其热动力效率远高于集中化工厂,生产效率也大大提高。例如,一台本地3D打印机可以使用现场可再生能源产生的绿色电力来驱动其信息化制造。欧洲等地区的一些中小企业已经开始与区域内的绿色电力提供者合作,以获取横向扩展的优势。随着集中的化石能源和核电成本的持续上升,中小企业开始使用几乎零边际成本的可再生能源驱动工厂生产,并将抢占非现场经济的先机。

第七,比起在19世纪和20世纪通过垂直整合形成的集中化企业,小型信息化制造者具有绝对优势,通过本地接入物理网基础设施,他们可以利用边际成本几乎为零的可再生能源为车辆提供动力,从而大幅降低供应链环节及成品交付环节的物流成本。

3D打印既是本地的,也是全球的,具有很强的非现场流动性,允许信息化制造者在任何地方打印,并能够迅速转移到任何可以连接物联网基础设施的地方。越来越多的消费者开始在家生产和使用简单产品。而制造较尖端产品中小型3D打印企业则可能聚集在当地的科技园区以实现横向扩张的规模效应。随着工业变成业主,消费者变成生产者,整个非现场经济社会的非现场效应将得到极大扩展。

五、人工智能技术及其运用

人工智能是计算机学科的一个分支,20 世纪 70 年代以来被称为世界三大尖端技术(空间技术、能源技术、人工智能)之一,也被认为是 21 世纪三大尖端技术(基因工程、纳米科学、人工智能)之一。人工智能是研究用计算机来模拟人的某些思维过程和智能行为(如学习、推理、思考、规划等)的学科,主要包括计算机实现智能的原理、制造类似于人脑智能的计算机,使计算机能实现更高层次的应用。其范围已远远超出了计算机科学的范畴,人工智能与思维科学的关系是实践和理论的关系,人工智能处于思维科学的技术应用层次,是它的一个应用分支。从思维观点看,人工智能不仅限于逻辑思维,要考虑形象思维、灵感思维才能促进它的突破性发展。数学常被认为是多种学科的基础科学,它也被应用于语言、思维领域,人工智能学科必须借用数学这一工具。数学不仅在标准逻辑、模糊数学等范围发挥作用,还可以在人工智能学科一展拳脚,它们将互相促进而更快地发展。人工智能就其本质而言,是对人的思维的信息过程的模拟。对于人的思维模拟可以从两个方面进行,一是结构模拟,仿照人脑的结构机制,制造出"类人脑"的机器;二是功能模拟,暂时撇开人脑的内部结构,从其功能过程进行模拟。现代电子计算机的产生便是对人脑思维功能的模拟,确切地说,是对人脑思维的信息过程的模拟。

智能机器人是人工智能的杰出代表。从广泛意义上理解,所谓的智能机器人,给人的最深刻的印象是一个独特的进行自我控制的"活物"。其实,这个自控"活物"的主要器官并没有像真正的人类那样微妙而复杂。智能机器人具备形形色色的内部信息传感器和外部信息传感器,如视觉、听觉、触觉、嗅觉。除具有感受器外,它还有效应器,作为它作用于周围环境的手段。效应器就是机器人的"筋肉",或称自整步电动机,它们使手、脚、长鼻子、触角等动起来。由此也可知道,智能机器人至少要具备三个要素:感觉要素、反应要素和思考要素。智能机器人能够理解人类语言,用人类语言同操作者对话,在它自身的"意识"中单独形成一种使它得以"生存"的外界环境——实际情况的详尽模式。它能分析出现的情况,能调整自己的动作以达到操作者所提出的全部要求,能拟定所希望的动作,并在信息不充分的情况下和环境迅速变化的条件下完成这些动作。

人工智能将涉及计算机科学、心理学、哲学和语言学等几乎全部的自然科学和社会科学学科。近30年来人工智能获得了迅速的发展,在很多学科领域都被广泛应用,并取得了丰硕的成果,它已逐步成为一个独立的分支,无论在理论和实践上都已自成一个系统。

六、量子计算技术及其运用

量子计算(quantum computation)这一概念最早由 IBM 的科学家 R. Landauer 及 C. Bennett 于 20 世纪 70 年代提出。他们主要探讨的是计算过程中诸如自由能(free energy)、信息(information)与可逆性(reversibility)之间的关系。80 年代初期,阿岗国家实验室的 P. Benioff 首先提出二能阶的量子系统可以用来仿真数字计算;稍后费因曼也对这个问题产生了兴趣而着手进行研究,并在1981 年于麻省理工学院举行的 First Conference on Physics of Computation 中做了一场演讲,勾勒出以量子现象实现计算的愿景。1985 年,牛津大学的 D. Deutsch 提出量子图灵机(quantum turing machine)的概念,量子计算才开始具备了数学的基本形式。正如大多数人所了解的,量子计算机在密码破解方面有着巨大潜力。当今主流的非对称(公钥)加密算法,如 RSA 加密算法,大多数都是基于大整数的因式分解或者有限域上的离散指数的计算这两个数学难题。他们的破解难度也就依赖于解决这些问题的效率。用传统计算机解这两个数学难题,花费的时间为指数时间(即破解时间随着公钥长度的增长以指数级增长),这在实际应用中是无法接受的。而为量子计算机量身定做的秀尔算法可以在多项式时间（即破解时间随着公钥长度的增长以 k 次方的速度增长,其中 k 为与公钥长度无关的常数）内进行整数因式分解或者离散对数计算,从而为 RSA、离散对数加密算法的破解提供可能。但其他不是基于这两个数学问题的公钥加密算法,比如椭圆曲线加密算法,量子计算机还无法进行有效破解。

更广泛而言,Grover 算法是一种量子数据库搜索算法,相比传统的算法,想达到同样的效果,它的请求次数要少得多。对称加密算法的暴力破解仅仅是 Grover 算法的其中一个应用。在利用 EPR 对进行量子通讯的实验中,科学家发现,只有拥有 EPR 对的双方才可能完成量子信息的传递,任何第三方的窃听者都不能获得完全的量子信息,正所谓解铃还须系铃人,这样实现的量子通讯才是真正不会被破解的保密通讯。量子计算及其应用将导致现有通信技术和商密技术的革命,计算速率和数据安全的革命无疑是智慧共享体系发展进程中不可避免的问题,量子计算的出现为智慧共享体系再发展提供了新空间,从而将再次加速推进人们社会生活的非现场化。

第五节　理论基础

在理论特性上,非现场经济终结了资本在经济生活中的统治地位,使边际成本趋近于零,改写了效益递减原理,继承了共享经济的理论品格;非现场经济要求人与智慧技术体系的有效融合,带着深深的行动者网络理论的烙印;而非现场经济的最根本的理论基础,即对"非现场"的强调,将可以从哲学,特别是技术哲学、对"技术"与"人"的在场问题中找到线索。

一、和谐哲学理论

非现场经济文明时代,由于无疆界智慧劳动的共享特征,不可阻挡地推动了无疆域社会制度、社会经济体制的同一趋势。由全球大众借助无疆界的智慧共享体系普遍参与而形成的新约定俗成的基础建立在自发性与和谐性上，这种认知人类利益共同体的思维基础，在无疆界的智慧劳动的共享体系里也将是慢慢地、逐步地、自动地生成。纵观现存的世界哲学体系，中国古典和谐哲学思维将最有望成为人类利益共同体的认知基础，太极创化论的"多项对偶动态一元论"①集中地体现了东方古老的和谐哲学基本思维。和谐哲学是指用于分析、解释、指导、建设和谐社会，构建和谐世界的理论体系。这种哲学思想我们可以追溯到中国古典哲学的思想体系里，中国传统智慧中主张用"和的平衡"来弥补唯物辩证法片面强调"矛盾斗争"的缺陷。美国夏威夷大学成中英教授在《如何理解儒家哲学中的和谐概念？》一文也曾系统阐述了"六合"理论：太和、义和、中和、仁和、协和、共和或大同，把儒家和谐概念划分成六个层次，每个概念都代表了自然物之内及自然物之间的活动、人的活动、群体的活动以及国家和世界的活动。② 成中英教授指出，我们必须看到，"和"作为一个动态词构成了多重意义。和既是一种状态，也是一个过程，甚至当它作为一种状态时，它依然有创造生命和创造新事物的积极力量。

太和。"大哉乾元，万物资始，乃统天。云行雨施，品物流形。大明终始，六位时成，时乘六龙，以御天。乾道变化，各正性命。保合大（'大'读为'太'）和，乃利贞。首出庶物，万国咸宁。"这种洞察的重要之处是，没有创造力，就没有能力在各种相宜的关系中创造事物，因此也就不能在各种事物中为相互依赖和相互交叉创造条件，"和"便不可能存在。"和"必须是一种能使万物和谐的力量，它让生命繁荣壮大，并为未来的发展积蓄力量。

义和。随太和而来的是，作为"和"的一个组成部分"义"的出现，我们称之为义和。这种"义"的出现意味着，本体宇宙观的和谐化过程必须有益于人的生存和人的行为，这就是最初的善。人的出现是伟大的，因为正是人的存在才让我们发现了思维、认知和行动的能力，它不仅与人类本身有关，还与他人、与环境、与万事万物的生与灭有关。在经验与反思的基础上，所有这些概念开始在人的意识和人的大脑中形成。但这种历练世界和反映人自身的能力需要高水平的创造

---

① 杨成寅.成中英太极创化论[M].杭州：浙江大学出版社，2014.
② 根据《中国哲学杂志》1977年第4卷第3期中《构建和谐辩证法》一文整理。

力,而这种创造力来自于支撑和谐化创造过程的原始动力。

中和。《中庸》中有"中和"的思想,可以把中和理解为"中与和"或"来自中的和"。就《中庸》而言,人的内在本性源于或继承自生命创造力的原始源泉,即天。因此,和谐情感和和谐行为的基础是最初的和谐,这种和谐被看作中心,即"中"。"中"的目的就是要认识深埋在人性中的那些东西,因为它们能产生情感和思想,因此,来自于人性深处以情感和思想形式出现的东西就是我前面提到的道德意识,因为它的目的最终是与现实相合,与人生情境相一致,使人性获得良好状态并得以实现,这就是中,或最初的善。"喜、怒、哀、乐之未发,谓之中。发而皆中节,谓之和。"

人和。人性同时具有潜藏的内在和谐,可以在人的情感和人生境遇的外在事件中转换为现实的和谐,这可被称作来自内心深处的和谐。人和是人的创造力发挥作用取得成果的一个条件。有了人和,才能考虑天时和地利。大家可以看到,天时和地利对于人的创造力来讲是如何发挥决定性作用的。

协和。我们可以在《尚书》中见到协和二字。显而易见,当一个国家管理得好时,其政府与其他国家便有了谈判的力量,和谐与和平便能持续下去。只有统治者有至德、无私欲才能做到这一点。从这个层次上看,来自前面几个层次的和谐便成了国内和国际和平的基石,这种和平就是没有战争,没有暴乱。谈判也是通过协调或道与德的方式获得和谐化的一个组成部分。协和通过榜样和劝说创造了社会和谐。

共和。共和也可称天下大同,这是现代意义上的全球和谐。在《大学》中,全球和谐的理想就是平天下。它依然以个人的努力为基础,认为有了德天下就能太平。在《礼记·礼运》中,实现天下太平的理想国被描绘为"大道之行也,天下为公"。这也是《中庸》里描绘的国家:"万物并育而不相害。道并行而不相悖。小德川流,大德敦化。此天地之所以为大也。"

中国和谐哲学具有多维性和多关系性,依据太和、义和、中和、仁和、协和、共和或大同,我们把和谐概念划分成六个层次,每个概念都代表了自然物之内及自然物之间的活动、人的活动、群体的活动以及国家和世界的活动。

二、共享经济理论

各种智慧技术形成的智慧网络决定了非现场经济的共享特性,而共享经济的相关理论和实践构成了非现场经济的直接理论来源。共享经济这个术语最早由美国得克萨斯州立大学社会学教授马科斯·费尔逊(Marcus Felson)和伊利诺伊大学社会学教授琼·斯潘思(Joe L. Spaeth)于 1978 年发表的论文(Community Structure and Colaborative Consumption:A Routine Activity Approach)中提出。共享经济现象却是在最近几年流行的,其主要特点是拥有一个由第三方创建的、以信息技术为基础的市场平台。这个第三方可以是商业机构、组织或者政府。个体借助这些平台,交换闲置物品,分享自己的知识、经验,或者向企业、某个创新项目筹集资金。2011 年,合作性消费被美国《时代》周刊称为是将改变世界的十大想法之一。关于把合作性消费当作共享经济的驱动力,科恩给出了三个理由。第一,消费者感觉有更大的主动权和透明度。现在人们经常会遭遇到四个问题,即波动性、不确定性、复杂性和模糊性。共享经济能使消费者在消费过程中充分发挥自我掌控能力。第二,当今世界范围内正在出现信任危机。来自不同年龄阶段的人群,尤其是年轻消费者对目前的商业和其他大规模组织的信任度越来越低。不少人对大商家的印象并不佳。为此,当他们发现卖家与自己产生共鸣时,感觉更可信,这类消费更具吸引力。第三,消费者和供应者都在交换过程中更受益。消费者通过合理的价格满足了自己的需求,供应者从闲置物品中获得了额外的收益。"合作实验室"创建者、作家瑞奇·伯兹曼(Rachel Botsman)和企业家卢·罗格斯(Roo Rogers)在合著《我的就是你的》(What's Mine is Yours)一书中也表示,共享经济源自人类最初的一些特性,包括合作、分享、仁慈、个人选择等。信誉资本带来了正面、积极的大众合作性消费,创造了一种财富和社会价值增长的新模式,共享经济将颠覆传统消费模式。伯兹曼进一步分析了推动共享经济的几个驱动力。第一,信息技术和网络社会,包括开放数据、网络的普及。第二,人口增长以及城市人口比例的增加。据联合国预测数据,截至 2050 年,发展中国家将有 64.1% 的人口、发达国家将有85.9% 的人口为城市人口。高密度的居住人口为共享资源和服务提供了更多机会。第三,日益扩大的收入不平等。第四,全球危机的增多。2008年金融危机导致失业与收入失去保障,这进一步促使了共享经济的流行。此外,自然灾害(如地震、海啸、飓风)也使共享经济日益受欢迎。

随着共享经济的兴起,个别的、细微的消费行为变化经过集聚整合最终将会带来巨大的商业变革和社会变革,也正因如此,共享经济理念构成了非现场经济最重要的基础,这种理念透视下的经济社会变革将是全方位的。

第一,共享经济扩大了交易主体的可选择空间和福利提升空间。在传统商业模式下,人们主要是被动地接受商家提供的商品信息,个别人对商品的体验评价被压缩在熟人圈子,而基于网络平台的共享经济模式却使供求双方都能够通过互联网发布自己能够供给的分享物品或需求物品,增加了特定供给者或需求者可选择的交易对象,并具备了掌握交易对象更多信息的可能,这就避免了欺诈性不公平交易和交易成本,从根本上提高了交易质量,有利于促进双方福利的增加。

第二,共享经济改变人们的产权观念,培育了合作意识。共享经济将更多的私人物品在不改变所有权属性的基础上让更多的人以较低的价格分享,从而压缩了个人用品中私人专用物品的相对空间,扩充了公共物品概念的内涵。这内孕着集体经济的发展,也要求政府在国家层面更广泛地渗透和干预进居民私人生活,推动着社会共有形式的跃迁。借助网络平台,出租或借用东西给自己不认识的人,从根本上扩大了人们分享的人际圈,教会人们如何分享,互相丰富生活,使分享成为社会交往中不可回避的重要因素。

第三,共享经济改变了传统产业的运行环境,形成了一种新的供给模式和交易关系。传统生产方式是企业家组织生产要素提供产品,在生产环节的组织化程度很高,消费者主要是分散的散客。而网络平台提高了消费者的组织化程度,将每一个顾客的消费需求变得更加精确,"柔性生产"和"准时供给"成为普遍的生产方式,预示着精细生活时代的到来。从整个社会供给来看,共享经济减少了社会供给总量,推动了绿色革命,有可能开启下一轮产业革命,成为过度消费的终结者。

第四,共享经济改变了劳资关系。共享经济改变了企业的雇佣模式和劳动力的全职就业模式,给那些富有创造力的个人提供一种全新的在家谋生方式,人们可以自由选择自己感兴趣和擅长的任务、工作时间和工资。事实上,大多数参与分享业务的人,都拥有自己的本职工作,只是将这些分享服务看成是额外的收入。从公司的角度看,这种模式能够保证公司自身灵活地调整规模,免去了裁员和招聘的痛苦,也不用考虑职工奖金、保险、退休金以及工会之类的烦琐事务。这种工作模式,对于个人和公司都是非常有利的,从而使社会成员成为自由职业者和兼职人员的混合体,使社会成为一个全合约型社会。

第五,共享经济有助于解决政府城市管理难题。交通拥堵、生态资源紧张、劳资矛盾、收入分配不公、邻里冷漠是制约多数城市发展的普遍难题。在共享经济理念下,地方政府间可以开展广泛的发展合作,通过城市间信息共享、政策协调、人力资源共用,有助于缩小城乡差距和区域不平衡问题。共享自行车和汽车改变了城市旨在改善交通的政策,共享汽车还能减少尾气排放,共享私人住宅还能平衡城市住房供需关系,共享经济甚至还可以通过稳定社会网络来解决城市犯罪问题。共享模式切入政治程序,成为民主化进程的重要促进因素。比如,很多国家流行的参与式预算管理,就是一个城市或社区的所有居民共同参与城市预算管理,讨论并决定公共开支项目。①

共享经济理论遇到了智能技术的集成协同作用,于是非现场经济的智慧共享体系也就横空出世。

三、行动者网络理论

我们说非现场经济现象的出现是智慧技术对社会的塑造而导致的,那么对非现场经济的考察不仅要涉及人与人,更要涉及人与物的共同行动,从这个角度,行动者网络理论构成了非现场经济另一个重要的理论资源。

行动者网络理论(actor-network theory)以"广义对称原则"(general symmetry principle)为基准,以"行动者网络"(actor-network)"转译"(translation)等

---

① 刘建军,邢燕飞.共享经济:内涵嬗变、运行机制及我国的政策选择[J].中共济南市委党校学报,2013(5):38—42.

为核心概念构建而成。广义对称性原则力求平等看待自然与社会、人类力量与非人类力量在科学研究中的作用。拉图尔直言,使用"actor"或"agent"并对他们可能是谁和他们有什么特征做任何假定,他们可以是任何东西,可以是个体的或者民众的、拟人的或非拟人的;[①]行动者组成的网络又是通过"转译"联结起来,所谓"转译",意为行动者经过努力将自己的问题通过商谈、翻译,转换成其他行动者的问题和利益,从而把其他行动者纳入共同的"行动者网络联盟"中来,或者相反。转译的实现主要通过以下方式来完成,即问题化、权益化、招募、动员。所谓问题化是指行动者网络发起者——科学研究或技术创新主体——将不同行动者关注的对象问题化,使自己面临的问题成为其他行动者利益实现的必经节点,从而使他们加入到自己的网络中来,这是建构行动者网络的关键所在。如卡龙所言:"我们想你们所想,你们就应该与我们结盟,支持我们的研究。而这样你们就更可能得到你们想要的东西。"[②]"权益化"则是强化问题过程中给行动者界定的角色,从而使得其他行动者被"招募"进来成为网络成员,而"动员"就是网络发起者——科学研究或技术创新的主体——调动各种相关的人力、非人力资源,界定其角色,以形成稳定可靠的网络联盟。[③] 转译另一层含义还指涉行动者之间互相定义,一方通过另一方来界定自己的角色,彼此都处在这种转化与被转化、定义与被定义之中。而每一个"行动者"之间关系又是不确定、变动不居的,需要结合特定的网络情境、场域来考量;一个行动者就是一个节点,节点之间经通路连接,共同编织成一个"无缝之网"。

在行动者网络之中,异质的行动者之间的核心问题就是"转译"。一般说来,实验室的内部和外部(比如政府部门、企业)各自有着不同的利益关系或兴趣,微观社会学或人类学只能描述小生境中的内部关系。这种方法一经贯彻,就会如塞蒂纳所说的那样,用一道"墙"阻断了内部与外部的通道。事实上这道"墙"是存在的,且更多存在于研究者的观念中。在行动者网络理论中,转译概念就是用来

① Latour B, Woolgar S. *Laboratory life: The construction of scientific facts* [M]. Princeton: Princeton University Press, 2013.

② Callon M. Four models for the dynamics of science [J]. *Clio*, 1995: 29—63.

③ 郭俊立. 巴黎学派的行动者网络理论及其哲学意蕴评析[J]. 自然辩证法研究, 2007, 23(2):104—108.

描述内与外之间的沟通方式的。通过转译,把研究者自身的利益转换成其他人的利益,或相反。不仅纳入他人的力量需要转译,实现对这些力量的控制同样也要求助于转译。只有在相互利益关系转译的基础之上,才能构建起一个强大而又稳固的研发共同体。这就意味着转译除了语言学的意义(翻译)之外,还有几何学上的意义(从一个地方转换到另一个地方)。利益的转换同时意味着提供对这些利益的新的解释,并把人们引向不同的方向。

拉图尔发现,如何有效地建立链接是需要策略的。比如,"我所要的正是你想要的"。它的意思是,要想得到别人的帮助,或者与他们结盟,最好的办法就是对自身的利益加以调整、剪裁和包装,以迎合他们的利益。如何劝说某人接受自己的建议、方法和发明呢?要让他们相信采纳自己的提议符合他们的利益,这就需要对他们的利益重新定义,从而与自己的利益相重合。可见,通过转译,我们可以"征召"到一群异质的行动者,把它们变成一张稳定的关系网。在卡龙看来,转译不仅意味着利益的转译,而且意味着对行动者的重新定义。

我们知道,如今研究与开发(R&D)已趋向一体,不仅需要有著名科学家的参与,同时也需要大量工程师,需要金融、产业界人士的参与。对于这样一种研发共同体,不仅对"科学的""技术的"或"工程的"之间的区分都显得苍白无力,而且在实践过程中确定究竟哪个阶段属于"研究",哪个环节属于"开发","创新"究竟发生在哪个环节上,再进一步问的话,谁在进行研究,谁在从事开发,这些问题都会变得扑朔迷离,难以界定。人们发明这些词汇原本是为了区分,但是现在更重要的是如何衔接。因此,"行动者网络"理论实际上也就是一种"转译社会学"(sociology of translation)。[①]

四、技术与人的在场问题

非现场经济现象的产生、非现场理念的提出,本质上涉及的是新技术对人与社会的深刻改变,是技术与人相互建构的结果,因此对非现场经济时代技术与

---

① 盛晓明.巴黎学派与实验室研究[J].自然辩证法通讯,2005(3):64—69.

人的在场问题的清理将为非现场经济的进一步研究提供理论基础。

首先是关于技术的实在性在场问题，从传统工业社会到今天的非现场经济社会，这一问题发生了根本性转变。传统技术是一种实在的技术，这是因为技术的对象具有实在性，而技术是用来与实在世界打交道的："技术是这样一个研究和活动的领域，它旨在对自然的或社会的实在进行控制和改造。"①也就是说，技术的结果也具有物质实在性，那就是造成对象的实实在在的物质变换。这样，从起点到终点，我们看到贯穿于技术活动中的主线就是"实在性"，这也是技术活动作为一种实践活动与科学作为一种认识活动区分开来的一个重要标志。然而，作为智慧技术最主要代表的信息技术的出现改变了这一局面，信息技术活动的对象和结果可能具有双重的非实在性。

第一，作为信息技术对象的信息本身的实在性问题。信息并非原来就是客观存在，它是主体对客体进行操作时共同制造出来的；或者认为信息即使具有客观性，也不具有实在性，是一种客观而不实在的存在。这样，信息技术所处理的一般对象的实在性一开始就受到了质疑。

第二，当代信息技术使不可视对象可视化后，这种可视对象的实在性问题也成为一个重要的哲学问题，即可视的信息形式的背后是否有实在的对象作基础，或前者究竟在多大程度上如实地表达或反映着后者。这也是科学实在论与反实在论经常争论的问题。

第三，当代信息技术甚至导致了对作为主体的人是否实在的疑惑。例如，因许多人在网上的身份的不实在从而导致网络主体的不实在；将来人若以电子人、信息人的形式出现后是否还具有实在性就更是一个问题。目前网络空间中的实在性问题至少表现为物的实在性、人的实在性、关系的实在性、事件的实在性以及感觉的实在性等问题，使得整个网络世界的实在性成为一个基本问题。

第四，对象变化的实在性。人在虚拟空间中可以造成的对象的变化，这是一种通过虚拟实践造成的对象变化，不是实在的变化，但可以导向实在的变化，此时也向我们提出如何理解技术活动的结果的实在性问题。例如，如果虚拟技术

---

① 邦格.技术的哲学输入和哲学输出[J].自然科学哲学问题，1984(1)：56—60.

活动造成真实的物质变化时,是否就成了所谓的"虚拟主导实在"。或者像鲍德里亚所认为的那样,当人们用虚拟、仿真的方式不断扩张地建构世界时,就消解了现实世界与表象之间的区别。

所有上述问题,均可视为信息技术对技术的介入所引起的技术观的新问题,由此导致了技术观的新含义,抑或是对技术观的内涵的扩展和修正提出了新要求。可以说,传统技术哲学的技术观是建立在物质型技术基础上的,这样的技术观无疑是技术发展到一定历史阶段的产物。在今天,我们看到,随着技术的发展,技术的功能随之也要加以实质性的扩展:技术不仅是用来改造环境的,也是用来生成和传播知识的;不仅指向物质世界的重新塑造,还指向知识的思想的扩张,亦即用于追求知识的技术,这种技术虽然起源很早,但由于先前的历史中人们更加迫切需要的是劳动工具,而不是推理工具,[①]因此它的发展不如物质性技术那样迅速,于是技术改造物质世界的功能与含义得到凸显而追求知识和建构信息产品的功能则隐而不显。到了信息时代,技术的这一功能得到充分重视。

因此,当代新型技术观应当是建立在包括信息技术在内的更广泛的技术基础上,我们可以发现信息技术的新特征,即技术的非在场性、非存在性、非实在性、技术的非主客二分性。非现场经济时代这种技术的非在场性直接导致了一个更重要的变化,即人的在场问题的转变。

在场作为事物存在的一种状态或者作为存在的"显现",是一个重要的哲学话题。如果将在场的主体限定为人,就提出了人的在场问题,它将时间、空间、相互作用、主体间性等含义集于一体,是分析人的问题的一个重要维度。在信息时代,人的信息化在场成为人的一种越来越普遍的在场方式,使得人的在场出现了许多新特点。

"在场"是海德格尔经常使用的概念,在他看来,对存在的研究必然过渡到对在场的研究,因为对存在的研究不是要追问它"是什么",而是要追问它"如何是",了解存在是如何"显现"亦即如何"在场"的,我们只有通过存在的显现和在场,才能领悟被遮蔽的存在的真理。如果在场的显现是使人可以获得关于存在

---

① 莱文森.思想无羁[M].南京:南京大学出版社,2003.

的被遮蔽的真理,那么我们可以这样来分析:某物处于被直接认识状态时,或处于海德格尔的"近处"的"照面"时,就是在场。可见在场之所以重要,是因为它是直观对象的最好方式。一种简单的理解就是,我们对一个对象最直接的了解就是通过其在我们面前的在场而进行的,所以在场的现象是可以被感知和被把握的,某种意义上在场也是为了感知和把握。在这样的意义中,在场与不在场也可转化为可感与不可感的问题,不可感的东西我们认为是不在场的,在场要以观察者接受其为在场者的方式存在。说到底,对象为什么要显示,是因为接受者的存在,是因为接受者需要它显示。由此,在场就意味着存在之物能够表象出来给人以知觉,而不在场就意味着未能显示,不能给人以表象。

更重要的是,对于人的在场问题,在场既是一种状态,也是一种关系。在场就是能够对其他在场者的作用或刺激做出应对,以及以自身的施动引起其他在场者的应对:一种交往性的、主体间性的是在关系。如前所述,在场是在场者的显现,但针对谁显现?显现一定是有针对性的,是针对显现者以往的某种存在,或相对于显现者的接受者,离开了显现的受者,显现也就没有意义。这就是说,在场一定是谁对于谁的在场,除了在场者本身外,其针对的在场对象也是不可或缺的。在场一定要有"场"的存在,即在场者与受者一定要处于能够相互影响的关系体系之中,即所谓彼此在场或互为在场。

所有在场中最重要的是人的在场,在场问题实质上还是人的在场问题。但在通常的理解中,人的在场就是人的亲临其境,就是人的物理性或实体性在某一场合中的出现,这样的在场具有唯一性、有限性、暂时性等特点。随着信息技术的快速发展,人的在场方式中出现了信息化在场,人可以以符号、影响等信息方式展现出来,是符号所指称的对象和影像所依托的实体,即使并不在场时也能使观察者对他们产生一种在场感,这在某种意义上就是一种虚拟在场。这样的在场是从接受者的角度去看,是被认为在场,具有在场的基本效果,尽管不能与实在性在场具有本体论上的等价,却具有认识论上的等价。

人的信息化在场就是人的信息化显现,在这里,人的信息化是必要条件,但如果不显现出来,例如保存在磁盘中,就不处于这里所说的在场状态。在今天的非现场经济时代,人的信息化在场,特别是通过发达的信息技术将人信息化之后，在有关场所的"出现"或"呈现"或对信息受众的"敞开"，是一种人的"化身"，也是人的"延伸"。从本体论上，它已是一种客观的信息存在，属于波普尔所说的"世界3"。人的信息化在场是一种扬弃了物质实在性的在场，但某种情况下又给人以实在感。信息化在场时，由于被观察者的身体并不在场，因此我们观察到的不是在场者的直接的物质形态，而是其转换了方式的信息形态。例如，我们不能对在场者施加物质性的作用，使其发生物质性改变的效应，最多只能在交互性信息化在场中对在场者造成信息性的改变。

在场是一种状态，在场就意味着是存在的并起作用的，尤其是生命主体的在场，它应该是一种能动性的状态，而人的在场就意味着人的能动性的发挥。在高级阶段的信息化在场中，信息化的人越来越接近其母体，我们无论是如同技术现象学家伊德那样将其视为真实人的技术"赋形"，还是如同传媒学家麦克卢汉那样将其视为"人体的延伸"，都可以看到这样的信息化在场的"活生生"和"能动性"。随着非现场经济的深化，当人的信息化在场向更高阶段发展后，它和人的物理性、实体性在场的真实差距会越来越小，甚至可以发展为人的立体的全息性信息化在场，使观察者真假难辨。同时，人的信息化在场由于可以异时和延后显现，是在场跨越当下，超越实体性在场的时空限制。在传统意义上，在场如果是一种现实性和实在性的话，信息化在场就开辟了虚拟现实或虚拟实在的存在方式，也就意味着开辟了人的存在的新方式：人实际性不在场时可以以信息化在场的方式表现出来，并取得在场的效应，从而使不在场者在场化。

人的信息化在场甚至也使我们对在场和不在场的非此即彼式的理解产生冲击，如同德里达所说，"它使得在场与不在场之间不存在二元对立，存在的是印迹，印迹的特征既非在场亦非不在场。这也是为什么我对幽灵、幽灵性、对通过电子交流、现代媒体得到的那种幽灵性的直接经验有特殊的兴趣。幽灵的那种纠缠性结构既不是在场的也不是不在场的"。而人的信息化在场也就是这种幽灵性、精神性的缠绕。信息化在场是在场现象在信息时代的重要表现，也是技术发展导致物和人的显现方式的变迁，它既不是人的在场，也不是人的不在场，而是改变了在场的方式——一种间接性的在场。因此，我们讨论非现场经济，实际上是基于技术与人的实在性非在场，以及人的主体性在场。

五、交往理论

启蒙运动以来,理性和科学成为人们心目中的理想范式,形成了以主体—客体两极图式为核心的近代西方哲学模式"笛卡尔—康德模式"。这种模式由于过分强调人的主体性,导致了物对人的统治,即"异化"现象,人与人的关系沦为物与物的关系。以哈贝马斯、胡塞尔等人为代表的现代西方哲学家通过对近代哲学思维方式和古典主体性理论的反思,提出了主体间交往理论。

"交往"最宽泛的含义是指实物、信息或者意义的传递和共享,这种实物、信息或者意义的传递和共享存在于人们的交互作用、相互沟通和相互确认之中。交往是人类社会的基本存在方式,它是人类社会生产和社会生活的前提,伴随着人类社会的发展而发展,同时人们的交往活动又推动着社会的进化。交往的发展和扩大,体现了社会历史活动中人的主体性作用的加强,人类对交往认识的发展和深化反映了人类自身主体性意识的增强。

人要成为主体,不仅要成为自然关系的主人,而且要成为社会关系的主人,成为他自身认识和活动的主人。主体不是一个符号、一个词,不是一个"观念"、一个"抽象",而是非常具体的。一切抽象的"性"只有具体起来才是现实的,主体性不是主体各种"属性"的抽象的逻辑的"综合",而是一个现实的历史过程,主体性不仅体现在主客体之间的认识和改造关系之中,还体现在人的自我解放的历史过程当中,主体间交往问题的凸现,显示出当代思想对健全的主体性和现实生活中各主体之间的"异质标准"的倡导。这样,主体间交往问题就成为当代思想界的共同兴奋点,成为透视主体性的一个新的哲学视角,从而形成了以雅斯贝尔斯、胡塞尔、海德格尔、伽达默尔、哈贝马斯等为代表的蔚为壮观的思想家群体。

哈贝马斯提出了以"交往"为定向的理性图式和哲学范式。哈贝马斯认为,"后现代主义"表明从"意识哲学"向"语言哲学"的转向,亦即从"笛卡尔主义"向"后笛卡尔主义"的转向,哈氏称之为从"主体性"到"主体间性"的范式转换,表现为合理性上的"工具—目的合理性"向"交往合理性"的转换。哈氏认为,这个转向只是表明超验的全知全能的理性的丧失,理性不再是人类生活的主宰,而是人的生活方式之一,有其"可误性"和"不完全性"。这个转换意味着合理性不能只同单个主体相关,相反要与进行语言交往的不同主体之间的关系相关。由此,哈氏倡导一种新理性——"交往理性",以纠正启蒙理性,对抗后现代性并试图以其"交往合理化"理论来"重构历史唯物主义",显示出这位法兰克福学派第三代宗师的哲学视角和理论偏向。

哈贝马斯交往理论把"社会"划分为"生活世界"和"制度"两部分。他认为,所谓生活世界,乃是积淀在语言中的各种"背景知识"和行为规范的综合体现,它代表了一个社会共同体的集体行为期待,不但个体的经验和行为准则,而且连社会的文化传统都是这种知识的产物。而"制度"则是从生活世界的结构中分化并独立出来的行为调节体制,如政治体制、行政和经济管理体制、法律体制等。依他之见,"真实、自由和正义的思想,作为相互关联的先验的基本规范……建设性地植根于生活世界的合理结构之中"①,而在语言中敞开的社会交往行为,则为揭示生活世界的规范性基础提供了现实途径。交往行为理论正是通过对生活世界和以语言为媒介的人际交往活动的语用学分析,发现了交往行为的三大有效性要求,即"真实性、正确性和真诚性",而语言交往的三种有效要求集中到一点,便是符合理性的要求。

非现场经济时代的社群研究也是一个"交往理论"问题,不同的时代条件建构了不同的社会主体,这就是非现场经济文明时代下新社群主体的交往。

---

① 哈贝马斯.交往行为理论(上卷)[M].法兰克福:苏尔坎普出版社,1981:342.

第三章　非现场经济的核心：智慧共享体系

智慧劳动是人类劳动在信息经济高级阶段的主要表现形式，是一种人类为适应环境高效快速地发现事物、创造新事物运动的能力。由于 ITC 和人工智能技术以超乎人们想象的速度发展，使人们的智慧劳动具有了前所未有的低成本、高速率的劳动效能。智慧劳动通过由智慧技术、智慧文化共同搭建的"智慧共享体系"，展示出了智慧劳动"成本极低"和"速率极高"这两个特征，最终促成智慧劳动成为社会经济新主导。

智慧共享体系构成了非现场经济形成的基础与核心内容，概括地说，智慧共享体系由智能技术集成体系及其应用与社会智慧共享机制共同组成。

第一节　智慧劳动的形成

非现场经济是由智慧劳动引起的，是相对于质能经济的新经济表现形式，反映了当今的社会经济活动的主现象，其核心因素是智慧劳动。《新华字典》（第10 版）这样解释"智慧"（wisdom，wit）："对事物能迅速、灵活、正确地理解和解决的能力。"（这种能力是指一个质点系统组织结构合理、运行程序优良以及产生的功耗比较大）智慧是一种能力，是在适应环境变化的过程中成长和发展起来的一种适应能力，它并不局限于人类，任何有生命迹象和无生命迹象的物体都有这种环境的适应能力,只是有主动或被动及高低不同罢了。

因为这种能力将直接影响到各种物体在环境中适应的现实和未来,而人类不仅需要为现实环境,也要为未来将发生的环境适应提前做准备,是高级别的主动适应。这种高级别的主动适应能力,逐步形成了人们"以发现、创造新事物为目的的人类运动",我们称之为劳动。劳动使我们的生活丰富多彩,锻炼和造就了人类本身。人的伟大就在于会劳动、能劳动和爱劳动。没有劳动的人生是毫无意义的,能体现劳动的生活是充满幸福的。

人类通过劳动改变自己,改善生活,改造世界,劳动是人类运动的一种特殊形式,无论是有价劳动还是无价劳动,都是可贵的和值得珍惜的。劳动证明我们不懒惰,劳动说明我们不贫穷,劳动表明我们不落后。只要我们想进步、想拥有、想改变,劳动一定能够为我们实现。劳动能够对外输出劳动量或劳动价值,是人维持自我生存和自我发展的唯一手段,也是人类智慧的具体体现。因此,智慧劳动也就是指人们为适应环境而迅速、灵活、正确地做出理解和处理的能力运动的最新境界。

智慧劳动是人类劳动在信息经济高级阶段的最新表现形式,它不仅是人类适应最新环境的能力,还是一种高效快速地发现事物、创造事物的能力。新的劳动形态产生了新的效用,也产生了新的劳动属性。这点,我们可以先从消费行为的延伸现象进行观察分析,进而对新时代里这种新劳动属性的变化开展探讨。马克思《资本论》中的剩余价值理论,阐述了剩余价值仅在"产业劳动过程"形成的学说,并进一步阐明了商品流通只能是剩余价值的再分配的观点。结合马克思主义的阶级理论,我以为,消耗是指物质因使用或受损而渐渐减少,这里的物质既包含有形的物质世界,也包含无形的能量和精神,消费是为了生产或生活需要而消耗物质财富和精神财富,所以,消费行为的本身不带有阶级性,犹如生产资料(如机器)的本身不带有阶级性一样。

消费行为的过程中,整体上消费行为的过程包含着极大的劳动力滋养功能,它是一个使用价值向劳动潜能的转化过程。人们消费各种各样的生活资料,虽然在主观动机上是为了满足自己的需要,但在客观目的上是为了维持和发展自己的劳动能力,更直接的意义是为劳动过程积累必要的劳动潜能。通常把生活

资料的使用价值转化为劳动潜能的过程称为消费。消费过程中产出的劳动潜能
与投入的生活资料使用价值的比值，就是该消费过程的消费效益。

消费效益反映了消费者在消费活动中的生活资料使用价值的增长比例，反
映了消费者是否充分有效地将自己有限的生活资料使用价值转化为尽可能多的
劳动潜能。如果消费者是一名拥有基本生活常识的普通消费者，他在消费过程
中既没有任何新信息的注入，也没有任何旧信息的流失，那么他就只能将生活资
料使用价值等量转化为劳动潜能。因此某些消费行为本身的部分内容也就具有
了某种劳动的属性。

当代消费行为体现的不仅是"消费价值"的问题，还应当是此时的消费已具
有部分劳动属性，消费行为中的一部分已经成为劳动。尤其是非现场经济快速
发展的今天，消费行为这一方面的属性，在网络型商业模式，特别是无形网络高
速发展的今天，表现得尤为突出。正因为当今时代的消费行为渗透着劳动的属
性，所以我们的消费行为在特定的条件下同样是可以给我们带来利益的，都是合
理的劳动所得。

因此，产业劳动和非产业劳动均有了共同致富的理论出处，原本单纯的消费
行为就成了现实的消费劳动属性。有了"消费劳动属性"的新理解，现在我们可
以自豪地说："智慧经济系统"中的各种非现场制作、非现场推销、非现场应用或
应用推广以及各种非现场消费等行为也就带有了某种劳动的属性，它们的所得
同样是劳动的所获，而不是"不劳而获"！它是我们新时代实现更大进步、更多拥
有、更深改变的唯一源泉，推动的不仅是货币资本这一主导，还培育着新劳动力
资本的主导，这个"新资本"就是被智慧共享体系所放大的智慧劳动的效能值。

智慧劳动是新时代公民的权利和义务，是人类社会发展到今天这个高级阶
段所带来的新权利和新义务。智慧劳动的实践追求的是智慧的应用，追求这种
人类特有能力的应用效能最大化。综观人类的劳动发展史，人类的劳动过程就
是一部信息的发展史，人类最早的信息也全部来源于生物进化，它是人类生存与
发展的前提。劳动促进了人的手脚分工，使人学会了制造和使用工具；劳动促进
了语言的产生，加速了信息的生产和传播；劳动促进了大脑和机体的进化，加速
了信息的积累与处理。由于生物进化过程非常缓慢，它所产生的信息可以忽略

不计,因此人类劳动可以看作是信息的唯一来源。

人类的体力劳动、脑力劳动和生理劳动都可以凝聚一定的信息,因而都可以产生价值增值,其中生理劳动凝聚的信息通常是以生理信息的形式凝聚于人的机体之中,主要表现为机体健康性、身体灵活性、感官灵敏性、环境适应性、思维创造性等方面的加强,有时也表现为缺陷器官的修复与强化、体液与组织的弥补和替代等。人类在实际的体力劳动和脑力劳动的过程中,一方面通过行为方式与思维方式的变换来形成信息,通过价值判断与价值评价来选择信息,并通过经验和能力等方式来贮存和传播信息,另一方面通过建立、发展和完善各种形式的扩展耗散结构(生活资料、生产资料、社会关系、自然环境和社会环境等)来形成信息,通过价值判断与价值评价来选择信息,并通过科学与技术等方式来贮存和传播信息。

因此,"统一价值论"认为,劳动之所以被确认为价值的唯一源泉,并不是因为抽象意义上的定义,而是因为劳动在信息(包括人类机体的生物信息)的形成、传播、处理和运行过程中起着决定性作用,因此可以说劳动创造了所有价值,劳动创造了人类本身。

智慧来源于劳动信息的积累,劳动信息的积累是前人对某些事物的认识经验的总结,这就是我们通常所说的知识。知识是智慧的源泉,拥有知识不等于就拥有智慧,只有我们完成了对知识的整个认知过程和加以实际的应用才是真正的智慧劳动。单纯地拥有知识不是我们的目的,只有拥有智慧并去实践智慧劳动,才是人类存在和发展的必需。

传统经济学中,著名的边际报酬递减规律(又称边际收益递减规律)认为,在其他技术水平不变的条件下,在连续等量地把一种可变要素增加到其他一种或几种数量不变的生产要素上去的过程中,当这种可变生产要素的投入量小于某一特定的值时,增加该要素投入所带来的边际产量是递增的;当这种可变要素的投入量连续增加并超过这个特定值时,增加该要素投入所带来的边际产量是递减的。边际报酬递减规律存在的原因是,随着可变要素投入量的增加,可变要素投入量与固定要素投入量之间的比例在发生变化。在可变要素投入量增加的最初阶段,相对于固定要素来说,可变要素投入过少,因此,随着可变要素投入量的增加,生产要素的投入量逐步接近最佳的组合比,其边际产量递增,当可变要素与固定要素的配合比例恰当时,边际产量达到最大。如果再继续增加可变要素投入量,生产要素中可变要素与固定要素的投入量之比就越来越偏离最佳的组合比,于是边际产量就出现递减趋势。或者说,对于任何一种产品的生产来说,可变要素投入量和不变要素投入量之间都存在一个最佳的组合比例。边际报酬递减规律表明了一个很基本的关系。当一种投入——如劳动——被更多地追加到既定数量的土地、机器和其他要素上时,每单位劳动所能发挥作用的对象就越来越有限。土地会越来越拥挤,机器会被过度地使用,从而劳动的边际产量会下降。说得更明白一点就是,技术水平不变,并且土地、机器和其他投入要素按照既定数量不做变化,仅仅增加劳动的投入,带来的产量的变化就是边际报酬。通常,这种边际报酬会先增加、再减少。

可是,当进入非现场经济时代(人类第三文明期),由于人们的一般劳动,借助于由智能科技集成孕育而来的共享型社会智慧大脑演变成了智慧劳动。正是人们对未来即将发生或可能发生的事情的预知速度和精准度,直接决定了生命存在和发展的可能性。进入非现场经济文明时代,人们可以借助于智慧共享体系从而轻易地获得这种速度与精准度,智慧劳动与共建智慧共享体系也就成了人类不断追求的最终结果。这一转变直接导致了人们的劳动效益构成和劳动效益分配发生巨变,彻底打破了传统经济学的理论体系。此时,边际成本不再是先降后升,而是持续下降,几乎无穷接近于零;边际报酬也不会先增加再减少,而是持续增加,无穷接近于智慧劳动收益的最大化。

这里的智慧劳动是指借助于"智慧共享体系"这个"社会集成大脑"而产生倍增效应的一切劳动(不是单指技术性劳动,是不分学历、技术、类型的一切借助智慧共享体系放大的社会劳动)。

第二节　智慧共享体系的构建

人类社会经过长期的发展和积累,到了非现场经济时代,价值信息积累达到了空前。为了实现人类智慧的共享,让知识成为共享智慧而产生更多的新知识,也让智慧劳动产生更大的智慧应用效能,智慧共享体系也就顺势诞生了。

进入 21 世纪,智能科技极速发展,各项智能技术在各自深度平行发展的同时,又以出乎人们意料的速度向集成化、共享化发展,迅速地展现出了一种新趋势:

互联+物联+云计算+大数据+智能终端+人工智能+量子计算="智能技术体系"的集成态势

这里需要特别指出,"智能技术集成"是各种智能技术融合与协同的作用,不是某一单项技术的奇特功效,互联网仅仅只是其中之一。因此,反对互联网经济、互联网时代等简单提法。虽然互联网比较直观,也容易表述,但互联网经济的提法容易误导人们过窄地认知智能技术的集成协同体系。智能技术的集成与协同是推动人类新文明发展的一个核心动力,其本身也是一个不断发展壮大的过程,各项智能技术在不断深度平行发展的同时又集成地相互协同发展,量子计算技术[①]的应用和即将诞生的石墨烯技术[②]将再次推动智能技术的更高集成。

这种不断进步的智能技术体系以集成态势出现,迅速朝集成的公开性与共享性方向发展,共享性的智能技术集成为无疆界的新社群的重构提供了物质基础。随着智能技术集成的共享协同发展,结合了社会动力机制和利益交换机制等跨学科、跨文化的社会智慧,就形成了非现场经济文明社会智慧大脑的发育,即所谓非现场经济智慧共享体系开始发育并逐步发力。

我们可以用一个非常通俗的等式,来加以初步地说明:

智能技术集成+社会交换机制+社会动力协作机制=智慧共享体系

这里的社会动力机制指社会的各种利益机制,它是新时代新社群的各种利益交换的实现机制。这是一个新时代的集成共享机制,是由各种平行发展而来的高度发达的机械性智能综合技术集成,加上人类特有的智慧文明集成共享而

---

① 量子计算是一种依照量子力学理论进行的新型计算。量子计算的基础和原理以及重要量子算法为在计算速度上超越图灵模型提供了可能,将使计算机的计算能力大大超过今天的计算机。

② 石墨烯既是最薄的材料,也是最强韧的材料,其断裂强度比最好的钢材还要高 200 倍,石墨烯将取代硅,会使计算机处理器的运行速度提高数百倍,也将导致电池的革命。

构成。概括地说,智慧共享体系由智能技术集成体系及其应用与社会智慧共享机制共同组成。

　　智慧共享系统,是在非现场经济时代,由"有智慧"和"无智慧"的质点联合构成的某种空间结构。正是这些质点在 ITC 技术与智能科技集成的支撑下,在共享的基础上,按一定的规则、一定的顺序和特定的方向运动,以最小的系统内耗和最大的系统功效来实现智慧劳动的最大效能。也正是科学技术开放式、共享性的大集成,加上社会发展利益动力机制,最终形成了新时代的智慧共享系统。

　　智能技术集成是智慧共享体系的物质基础,智慧共享体系是智能技术集成的必然产物,智慧共享体系构成了非现场经济文明形成的基础与核心内容。智慧劳动就是借助于这个由智慧技术、智慧文化共同搭建的智慧共享体系的社会集成大脑而实现了"成本极低"和"速率极高"这两个特征。非现场经济的智慧共享体系最终推动智慧劳动成为社会经济的新主导,成就了智慧劳动。具体见表 3-1。

表 3-1　非现场经济智慧共享体系构成关系模型示意

平行技术发生值	=	技术数 * 各技术分值 * 加权系数
技术集成值	=	平行技术发生值 * 集成放大系数
技术公开共享值	=	平行技术集成值 * 共享放大系数
结论 1		MS 智能技术集成共享值
平行社会智慧发生值	=	平行社会智慧＋社会文化＋利益需求＋社会秩序需求等发生值 * 集成放大系数
社会动力与协作机制再集成	=	(社会智慧发生值＋结论 1) * 共享放大系数
结论 2		MP 智慧共享效能值
主动参与值	=	智慧共享效能值 * 个体参与度系数
结论 3		MLP 智慧劳动效能
智能技术与社会智慧加权系数变量	=	智慧劳动效能 * 加权促进系数
结论 4		MSLP 智慧劳动效能循环总效能

　　智慧共享体系由智能技术集成体系及其应用与社会智慧共享机制共同组成,智慧共享体系的形成大势所趋。然而,在其实际的孕育及发展进程中,也将

遇到不少障碍,特别是其中工业革命所形成的知识产权壁垒,是新文明时代智慧共享体系形成的最大障碍。知识产权壁垒是指由一国以保护知识产权为名对技术贸易(或含技术贸易)实施限制措施,或者凭借所拥有的知识产权优势滥用知识产权,对国际贸易造成不合理障碍的其他措施。《与贸易有关的知识产权协议》(Agreement on Trade-related Aspects of Intellectual Property Rights,缩写为 TRIPs)是为了促进国际贸易发展而确立的一个基本统一的世界知识产权保护标准,但其中的具体条款给予权利人过高的保护,对于能够促生知识产权壁垒的行为没有禁止反而予以支持。TRIPs 协定赋予了专利权利人进口排他权,使占据了知识产权主导地位的大型跨国公司可以进行大量的专利圈地活动。国际知识产权制度表面上看属于法律范畴,其实质却是国与国之间博弈的结果。一方面是在保护知识产权的名义之下,各国政府对含有知识产权的商品的进口进行限制;另一方面是市场主体凭借自身所拥有的知识产权优势,超出知识产权法所授予的有限特权的范围,不合理地行使知识产权,在国际贸易的竞争中谋取垄断利润。发达国家基于自身在核心技术、专利、商标、版权等方面的优势巩固了主导地位,但对于发展中国家来说,此标准又超出了他们的能力范围。发展中国家短时间获取核心技术的难度颇大,解决问题也并非一朝一夕之事。为了应对越来越多的知识产权壁垒,最根本的解决方法是要在激励自身创新、提高科学技术文化水平的同时,积极推动全球范围的技术共享市场形成,重新界定技术壁垒与知识产权保护的界限,促进无疆界智慧共享体系的不断进步,早日跨越破除知识产权壁垒的临界点,以智慧共享的核心动力来推动非现场经济文明的发展进程。

第三节 智慧共享体系的渗透力

非现场经济现象不仅促成了人们从固定劳动时间、固定场所中解放出来,还进一步将人们从定点的 PC 中再次解放了出来,且极大地放大了智慧劳动的效能。我们以前谈的信息经济基本是围绕"信息"二字，社会主流的研究方向也是围绕"信息"及其与信息相关的各种产业或由此产生的各种现象而确定。而今天我们对非现场经济学的研究，则是围绕智慧劳动和智慧共享体系而展开，研究的是智慧劳动结合智慧共享体系的效能发挥所带来的新经济现象及与之相关的社会协作关系的变化，由此带来各种社会经济现象的新变化。这个智慧共享体系不是简单的信息共享体系。前面我们讲到了信息时代的主要功能是信息交互，信息共享属于信息时代的初级阶段，也就是说，单纯的信息化体系（包括信息化管理体系）不能替代智慧共享体系。智慧经济时代的主要功能由信息交互转移到了智慧应用共享这个功能上，因此智慧经济时代的智慧共享体系是智慧发表和应用的共享平台。这种应用共享功能使人们不仅能在这个共享平台上快速、廉价和全面地获取各种信息，更重要的是他们还能获得最低成本的便捷应用。这就使原本无直接经济效益的公众服务平台演变成了真正的知识和知识成果的共享。知识成果的共享使无直接效益的公共平台进一步成为一个知识共享、资源共享、成果共享的有价值服务平台（应用者获利平台）。它是一次对新时代下经济学体系进行补充和完善的尝试。它使一个信息交互的平台演变成了经济活动平台，其核心是超越了知识共享而实现了"智慧成果"的共享，实现了智慧的应用性共享，这是一个革命性的飞跃。信息共享和原始的知识共享飞跃到智慧成果共享，就是知识成果的快速应用，且是有偿的智慧应用。人们不仅可以利用这个共享体系获得创造新智慧、新应用所需的各种信息元素和技术元素，还可以用极低的代价通过智慧共享体系将自己的最新智慧成果直接投入到一个无疆界的庞大应用市场，使智慧劳动的综合成本大大降低，人们的劳动效益由此而大增。随着具有共享特征的非现场经济的大发展，"知识专享"和"知识保护"这些名词将成为过去时，大工业革命诞生的知识保护体系也将逐步瓦解。新的社会经济制度将围绕着"智慧劳动"与"智慧共享体系"两大核心而展开。与此同时，劳动力理论、就业理论、相关就业政策必将随之而调整，大工业革命高度现场化造就的一切经济学理论、社会学理论、公共管理理论，也必将随着智慧共享体系与社会协作关系的不断进步而重构。

智慧劳动建立在智慧共享体系的加速器上，它不仅仅提升劳动的智慧化，也反过来再次促进了智能科技自身的各学科、各技术的同步平行、几何式增长,从而进一步提升了集成共享的价值量,加速了非现场经济的急速提升。这一切,都源于人类智慧的共享!智慧共享改写了人类历史。这种社会现象的加剧,作为既是生活者也是劳动者的个人,与社会各层面的协作关系也发生了深刻变化。也就是说,信息经济和技术经济的支撑点正发生重大变化,以智能应用为中心的智慧经济的新外延与传统信息经济时代的原有外延发生了质的转变,随着这个中心点的转变,智慧经济研究对象的外延和与社会的协作关系也发生了根本性转变,推动了新时代的社群重组。智慧经济时代的智慧技术应用推进了智慧共享体系的完善,提高了智慧劳动的效能,扩展了传统信息经济的应用局限,增强了非现场经济的渗透力和渗透范围,增加了劳动对象层与生活层的粘连度,将原本分离的两个层面紧密联系在了一起,并出现了两者融合的趋势。此时,单就劳动形态来看,有时我们已经很难分清这是劳动行为还是生活行为了。如图 3-1所示。

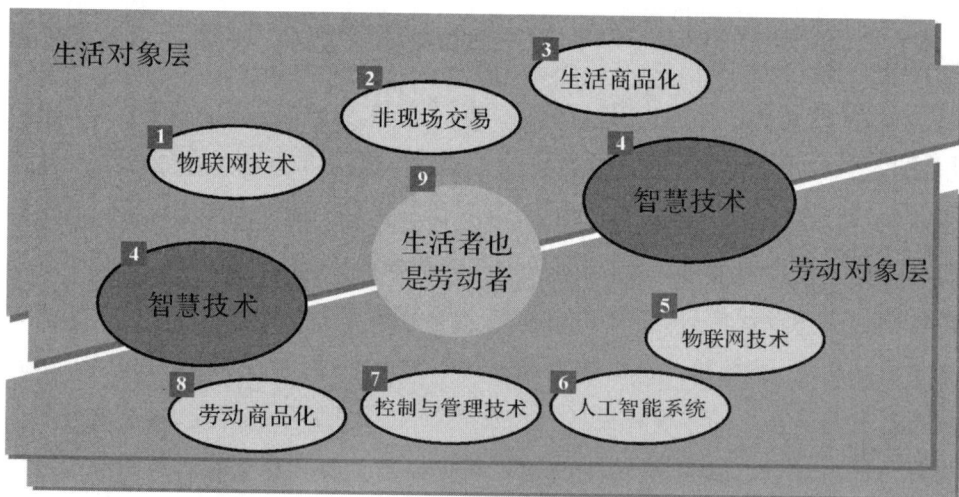

图 3-1　非现场经济下的社会协作的新关系

这里,劳动对象层与生活对象层通过智慧技术这个桥梁被连接在了一起,促使"生活者也是劳动者"快速膨胀,呈现出逐步覆盖的趋势,两个对象层日趋融合同一。这种同一性趋势的效果,在智慧经济时代里,使某些原本看似单纯的生活行为也能创造经济效益。

　　比如,一个小孩喜欢玩游戏,由于水平高,赢得了不少游戏装备,于是他通过网络边玩边卖他的游戏装备,就这样,他靠玩游戏支撑起自己家庭的日常经济开支;一个退休老太足不出户,直接上网从事电商或进行线上投资理财;一个旅行者利用随身携带的智能移动终端,即时地交割各种有价单据,等等。这些行为是游戏、生活还是劳动? 是属于生活行为还是劳动行为? 是小学生、退休者、旅游者还是就业者? 运用传统的经济学理论我们该如何界定这些新时代下的新经济现象? 他们原本的动机可能只是丰富生活、是休闲,却使自己的行为本身客观实在地具有了劳动的属性。这些典型非现场经济现象已经充分表明,我们的生活者属性和劳动者属性正日趋同一。新的生活形态和新的劳动形态调整了我们社会的新的协作关系,生活者和劳动者属性趋同促使了社群结构的变化,无疆界的新社群开始了去"单一个体主张和利益集体"的重组,转而发展成以"兴趣和内容"为核心的非现场新社群。智慧共享体系引发的社群结构与社会新协作关系的协同作用促进了劳动商品化的同时也催化了生活的商品化,使新时代的经济形态和供需结构也产生了重大变化,直接影响到了新时期人类社会经济再发展的方方面面。由于非现场经济文明的智慧劳动及成果应用具有放大性与共享性特征,推动了智慧劳动社会经济主导者的崛起,撼动了资本主义市场经济体系中资本作为唯一主导的地位,动摇了围绕资本而建立的资本主义体系的基础,也必定带来新的社会经济制度的变革与全球商业秩序的重构。工业革命的高度现场化与单一资本主导最终导致了国际贸易与地区商业秩序的日益破坏,利益博弈下的全球商业生态秩序正朝着导致全方位供需失衡的方向发展。是时候了,该是运用非现场经济文明思维重构无疆界全球化的新商业生态(包括区域性的非现场与在现场以及两者协同的新商业生态秩序等)的时候了。

第四章　经济主导者的转变

第一节　非现场经济的三要素

非现场经济是随着智慧经济的发展而产生出来的一种新的特殊经济现象，它与智慧经济的基础要素紧密相连，智慧经济的基础要素也就成了非现场经济的构成要素。非现场经济的三个主要构成要素包括：智能技术、信息占有、劳动成本。通过观察分析既可以清楚非现场经济中智慧劳动经济价值变化的内在原因，也可以从另一个侧面来反映出非现场经济学研究的意义与作用。

一、智能技术是人类所有的科学技术系列进步的结果

我们知道科技革命会给人们带来劳动效率的提升，且这种劳动效率的提升力是与科技本身的发展程度以及科技成果的应用程度紧密相关的。在现代工业生产中，采用了先进的科学技术，就能改进生产工艺、更新设备、改造现有企业、提高生产效率、扩大生产规模、降低能耗和节约成本等。然而，当社会的发展进入信息化时代，智能化不仅加深了科技优化生产力的功能，更突出了科技成果的应用转化，使智能技术带来的经济效能急剧膨胀，呈现出新科技影响力的非等比效应。

我们可以用一张假设性的表 4-1 来表示：

表 4-1　科学技术对人类劳动效率的贡献（假设）

	动物时代	石期时代	青铜器时代	铁器时代	蒸汽机时代	机械化时代	电气化时代	信息时代的信息经济时代	信息时代的智慧经济时代
假设的提升贡献比	100%	100%	150%	250%	600%	1000%	2000%	500%	10000%－50000%

注：我们假设动物时代中动物利用环境的原始本能反应的基数为 1。

　　表 4-1 的比值仅仅是个假设，我是想通过此表的假设数值，来说明科学技术的应用对人类劳动效率的贡献的变化关系。此表显示科技对劳动效率的提升是建立在前面已经存在科技成果的基础上，新科技带来的效能提升不是在旧科技作用下的等比增加，而是非等比的叠加式放大。

　　也就是说，科技的进步会提升劳动效率，且随着每次的科技进步，这种劳动效率的提升，是新技术叠加在已有的旧技术贡献的基础之上，呈现出来的新劳动效率却是一次次科技进步的叠加和倍数级放大的实际效应。同理，由于智慧技术是由各种新旧技术发展而来的，它是科技发展历史的最新阶段的产物，也会将所有科技成果对劳动效率的贡献值叠加地放大。

　　新时代的科技爆炸，导致了集合爆炸式的基础倍数级效应，从而引起智慧劳动的单位经济效益中劳动消耗最小化的历史记录。确切地说，当今的非现场活动现象是由智能技术为代表的各种科技成果的结合体支撑起来的，又通过智慧共享体系实现了智慧劳动效率的最高境界。

二、信息占有主要是指信息存在着的对称与不对称现象，以及这种现象对经济活动的影响程度

　　自美国经济学家肯尼思·阿罗（Kenneth Arrow）获得 1972 年度诺贝尔经济学奖以来，先后有多位信息经济学家获得诺贝尔经济学奖。在阿克洛夫（G. Akerlof）、斯彭斯（M. Spence）、斯蒂格利茨（J. E. Stiglitz）这三位美国经济学家联袂

荣获 2001 年度诺贝尔经济学奖后,信息经济学已然成为经济学的"显学"。

信息作为经济活动中的基本要素得到了越来越多的学者重视,他们纷纷将信息的不完全、信息分布的不均衡纳入经济理论的框架,重新审视经济学的一系列问题,不完全信息与非对称信息研究也成了博弈论研究的重点。随着智慧经济时代的到来,以及智慧劳动和智慧共享体系的出现,信息获取渠道和获取成本均发生了很大的变化。非现场经济学在信息占有方面的研究重点应该放在如何减少"信息的不完全、信息分布的不均衡"方面,并以此作为单位经济效益中劳动消耗降低的成因分析之一。

我们可以假设一个现象:如果我们的经济活动中的信息趋于完善或趋于分布均匀,那我们的无效劳动甚至是错误的劳动发生的概率将大大下降,也就是说,我们的劳动消耗的有效性将大增。既然我们已经知道信息完全性对决策判断的重要性,就应该尽可能地促使我们获取的信息占有趋于或接近完整,而不是停留在如何对付信息不完整或不对称上。这种无效劳动减少的实现途径,借助于智慧技术不失为一个良好的方法。

非现场经济活动中的智慧劳动首先争取的是信息的完整性和对称性,并以此来降低判断错误率和减少无效劳动,实现的目标是削减单位劳动消耗量。也就是说,智慧技术的快速提升和智慧共享平台的兴起,导致了信息的完整性和对称性的增加,从而更大地降低了单位使用价值中的劳动消耗。因此,我们说,"信息占有"仍然是非现场经济的核心要素之一,仍然影响着非现场经济,却因为其完整性的增加,而逐步转向了正面的积极意义的作用。非现场经济学则是通过对"信息占有"的研究(而不是停留在对"信息分布"的研究),进一步观察和研究数据流下的最最核心的要素——智慧劳动,最终研究的是数据流内容的制造者——智慧劳动的诞生、发展和对社会经济的影响力。

三、劳动具有成本,这种成本表现为不同时代的不同单位经济效益中的劳动消耗量

劳动成本的构成变化与科学技术的进步和应用紧密相连,科技的进步使得

每个阶段的劳动单体的单纯体力成本降低。在智慧经济时代,人类的劳动发展到了特有的智慧劳动阶段,使得单位经济效益中的劳动消耗量也达到了最低。

智慧劳动的成本发生了历史性的变化,是因为智慧劳动不仅受到了最新科技的叠加效应的支撑,还出现了智慧劳动新的边际效应。此时,智慧劳动出现的新边际成本呈现出由 U 线型向直线型下降的态势,这种新边际特征再叠加了直接的科技应用提高的劳动效率功能,导致了非现场经济里"单位经济效益中的劳动消耗"的急剧下降。

智慧劳动成本的构成变化和"单位经济效益中的劳动消耗"的急剧下降还与社会的进步相关,是一个社会总成本的相对性指标。一方面科技的进步使得每个阶段的劳动单体的单纯体力成本降低;另一方面社会的进步却使得整个社会的综合劳动总成本上升。也就是,我们在看到科技使单体劳动成本下降的同时,也应看到随着社会的进步,社会运行总成本的提高导致了实际的劳动力综合成本的上升。特别是在当今的都市经济发展模式中,人们面临的都市生活成本、都市办公成本、都市交易和物流成本以及生产劳动力成本等的构成向两极——时间成本和场地成本归集。这种主要由场地成本和时间成本构成的社会生活成本,最终都转嫁到了劳动力的综合成本之中。场地成本主要指社会居住场地成本、办公场地成本或生产经营场地部分成本的离奇增高,终将转嫁到劳动成本的跃升上;时间成本方面,最为典型的例子是城市生活的"两难"状况(行车难、停车难)呈恶化的趋势,单位时间里人们的有效劳动消耗的占比大幅度下降。城市化的进程,使得人们在适应环境时付出的实际劳动的成本摊销在提升。工业社会带来的劳动场地成本和时间成本的攀升,抵消了科技成果带来的劳动成本的下降,特定的时段还将出现实际劳动消耗下降的负增长,劳动力的雇佣者必须承担起这个增加值。然而,智慧经济时代的共享型智慧劳动的新特征有望缓解这一矛盾。智慧经济的到来,使得科技力量降低劳动成本的表现不再局限于仅仅提高

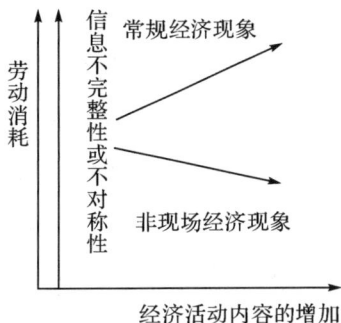

图 4-1　信息不完整(不对称)
　　情况下常规经济和非现场
　　经济的表现

单体劳动效率这个层面。如图 4-1 所示。

非现场经济学希望通过对非现场经济的智慧劳动本身、智慧劳动的边际成本和适用环境的变化研究,找到实现新劳动成本持续地实际降低的规律(也就是说,智慧劳动在非现场经济智慧共享体系的效益不再是递减,而变成持续地递增),并运用这个客观规律指导实际的各个应用层面,努力实现不同层面在减低单位经济效益中的实际劳动消耗量。

非现场经济现象里"智能技术、信息占有、劳动成本"三要素相互联动、相互促进与发展,一致地作用于智慧社会的智慧共享体系中,从而影响着各行各业的经济体的运行。

总之,我们通过对"智慧技术、信息占有、劳动成本"三要素的观察,可以初步感受到非现场经济现象对社会经济产生的影响力。

第二节　第二主导者的兴起

20 世纪 70 年代以后,美国的一些激进经济学家在"积累的社会结构学派"的旗帜下,接受了传统的长波理论对资本主义经济发展的这种典型事实的判断,借鉴凯恩斯主义经济学、长波理论等的成果,从资本积累和资本主义制度之间的矛盾运动的角度提出一种全新的解释美国和世界资本主义增长和萧条的理论。[1] 积累的社会结构理论认为,积累的社会结构从两个方面促进资本积累和经济增长。首先,积累的社会结构可以协调资本主义经济运行中的各种矛盾冲突,减少投资所面临的不确定性因素,为资本积累提供一个稳定的外部环境。当积累的社会结构刚刚建立,能够缓和资本家阶级和资本主义社会其他阶级的矛盾的时候,整个社会政治、经济环境比较稳定,有利于资本家对一个投资项目未来的收益进行计算,从而促进资本积累和经济增长。其次,积累的社会结构可以

---

[1]　张翔宇,赵峰.生产力研究[DB/OL].知网,2009.

加强资本家阶级对以工人阶级为主的资本主义社会的其他阶级的权力（pow-er），这种权力可以提高在国民收入分配中资本家所占的份额，增强资本家在资本积累上的盈利能力（profitability），从而促进资本积累和经济增长。20 世纪 80年代开始，以美国为代表的发达资本主义国家逐渐在政治、经济和文化等方面进行调整，建立起一种以放松政府管制、促进资本自由流动为基本特征的自由市场模式来取代原来的制度模式。这就是现在在发达资本主义国家占据主导地位的"新自由主义模式"。一些经济学家认为，为了正确认识新自由主义必须放弃"积累的社会结构"这个概念，代之以"制度结构（institutional structure）"，并以此为基础重新认识资本主义的发展过程。所谓"制度结构"，就是一套一致的经济、政治和文化、意识形态制度，这种制度为各种资本主义经济活动提供了基本的制度规范。资本主义的主要经济活动就是资本的循环和对剩余价值的使用（包括资本家消费和资本积累）。相对于积累的社会结构，尽管一种制度结构能够保证在资本循环中剩余价值被充分有效地利用，但是由于资本积累除了受剩余价值规模的影响外，还受市场环境、竞争程度等因素的影响，因此一种制度结构可能并不能促进快速的资本积累，进而导致高速的经济增长。积累的社会结构理论明显地区别于主流新古典经济学，不是简单将资本主义的经济增长归结为要素的积累和外生的技术增长，而是将资本主义经济增长与资本主义制度联系起来，认为只有建立起特定的能够为资本积累提供稳定的投资环境和高额盈利能力的政治、经济和意识形态制度，才能促进经济长期的增长。①

经济要素结构与社会制度的关系一直是经济学家关注的焦点。早在 1759年，亚当·斯密在《道德情操论》中就阐明财富与社会制度环境存在着关联，其基本观点是以"公民的幸福生活"为目标的伦理思想。他在《国富论》中又指出，人类"对财富追求"的根本原因是为了实现"人生的伟大目标"——幸福生活。早年的斯密似乎更多地思考如何推进人类的进步、帮助人们获得更大的幸福，并进一步认为，非物质财富在很大层面上与人们的道德行为紧密相连，不同道德行为背后支撑的往往是不同的道德观。从本质上讲，斯密是将幸福的经济手段和道德

---

① 张翔宇，赵峰.生产力研究[DB/OL].知网，2009.

行为结合起来了。19 世纪中叶，这种利益和谐的思想进入了高潮。美国经济学家凯里（Henry C. Carey）在 1836 年出版了《自然和谐》（*The Harmony of the Nature*）、在 1852 年出版了《利益和谐》（*The Harmony of Interests*），法国经济学家巴师夏（Frederic Bastiat）在 1850 年出版了《和谐经济论》（*Harmomious Economics*）。这些"和谐"（harmony）的含义基本一致：自然、秩序、相溶、融合、一致、协调等的"利益和谐"。他们试图找到财富与幸福之间的某种关联。"经济手段和道德行为"在利益和谐基础上的结合，不再是简单的利益和谐，而是在利益和谐中体现了幸福生活的各个要素。19 世纪后期到 20 世纪，由于主张经济公平和加强政府干预的呼声高涨，"和谐"理论逐步受到了批评。20 世纪 60 年代和 70 年代，哈克（F. A. von Hayek）出版《自由秩序原理》等对自然秩序进行了重新发现和传播，不过对于当代推动"经济和谐"思想的应用并没有收到预期的效果。

这让我们又开始思考另一个问题：似乎"经济手段和道德行为"在利益和谐基础上的平衡已经被某种特定物打破，依靠资本主义自身的制度改革的"积累的社会结构"，去实现"提高在国民收入分配中资本家所占的份额，增强资本家在资本积累上的盈利能力，从而促进资本积累和经济增长"的实际效果不佳。事实上我们也看到，在工业革命的整个过程中，很难再度实现我们前面所讨论的那种利益和谐的新平衡。人类发展到后工业经济时代，由于财富积累的加快，直接导致的不仅是人们物质财富的增加，更重要的是，导致了其中的资本积累的加快。资本的作用再次被放大，我们的社会经济基础被资本所单一主导的程度达到了顶峰。在工业经济高度发展的 20 世纪后叶，一直起到主导资本主义社会经济的资本的影响力达到了空前规模。特别是货币资本急剧膨胀，其中的虚拟资本份额更是达到了前所未有的高度。虚拟资本不仅运用了市场的正常供需杠杆，还虚拟了表现为资本投资需求的市场需求，并通过不断制造这种虚拟需求的手段，来主导并干扰自由的市场经济。从 20 世纪 50 年代中期开始，美国率先完成了工业化，进入"后工业化"时代，70 年代中期，英、法、德、意、日等主要资本主义国家也相继完成工业化，进入这一时代，资本开始具有从物质生产领域向外游离的趋势。二战后确立的布雷顿森林体系宣告瓦解，货币脱离黄金，世界货币体系开始进入不受物质生产增长约束的时代,加上各种金融衍生工具的发展,虚拟经济急剧膨胀,世界资本主义经济的主体已经从物质生产部门转移到非物质生产部门,并成为世界资本主义经济的主体。从全球看,1997年国际货币交易额高达600万亿美元,而其中与生产流通有关的货币交易只占1%。此外,根据有关资料,目前全球的货币存量已相当于全球GDP年总值的60倍。这些情况都说明,世界资本主义经济的主体已经从物质生产部门转移到非物质生产部门,由此引出资本主义经济的一系列深刻变化,我们可以把这个新阶段叫作"虚拟资本主义"。传统的资本主义生产过程是:从货币资本出发,经过产业资本、商业资本等环节再回到货币资本,在这个过程中,产业资本占据最重要的位置,因为它担负着创造剩余价值的职能。但是在虚拟资本主义阶段,由于货币脱离了黄金,资本的膨胀可以摆脱物质生产过程的束缚,从表面上看,似乎产业资本和物质生产过程就变得可有可无了。这就会对社会实际财富的递增造成威胁,是实体经济发生精神危机的根源。这样,货币资本家就有了介入的机会。于是,货币资本家和产业资本家不仅在法律上有了不同的身份,而且在再生产过程中所起的作用也完全不同了。这种分离是货币资本主导经济不可避免的结果,这其中的预期收益也具有一定的积极意义。我们知道,劳动者没有生产资料,在分配过程中与资本比较又处于弱势,但是劳动者有未来,资本市场的伟大贡献就在于将劳动者的未来也可作价进行分配。这在一定程度上提高了劳动与资本分配的比例,也在一定程度上缓解了资本主义的基本矛盾,可以说较之于凯恩斯主义,在更深层次上第二次延续了资本主义的生命。

可是,我们知道资本贪婪的本性是不会改变的,随着预期收益的非理性化加深,这种资本贪婪的本性也会加深。如图4-2所示。此时,资本主导下的市场经济促进了投资资本(主要表现为货币资本)创造虚拟价值的激增,这种预期收益叠加了虚拟需求,不仅导致了部分商品价格的畸形波动,还吸纳了相当

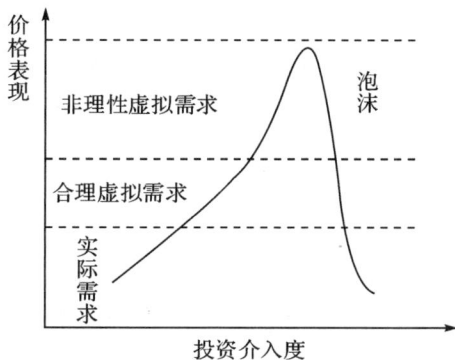

图4-2 资本主导下的市场经济

多的产业资本转移,这种叠加效应在一定程度上制造了经济的泡沫。虚拟资本主义的"附加值加入"开始偏离正常的价格波动规律,不再是原始的实际供需理论,而是货币资本家们不断地制造出短暂的虚拟需求,通过透支性的预期收益这个渠道,能将劳动、劳动者的未来都转化为现时资本,虚拟资本的总额再次被扩充。当这种预期收益被虚拟需求的假象远远高估时,加之货币供应量的推高,这种泡沫膨胀就会达到一定的极限,经济危机也就到来了。随着资本主导经济下的新资本的积累加速,这种"资本主导"在虚拟资本介入的放大作用下,逐渐演变成了"资本绑架社会"的恶劣现象。这些形态的形成,除了社会性的变革因素外,与市场经济单一的资本主导有关,特别是与后工业时代的新资本积累所形成的资本结构相关,也与企业的投资行为和投资意识无不存在着千丝万缕的关联。这是资本独占主导地位和"唯利是图"极端化的恶果。[①] 这种由资本主导经济的游戏规则和"市场自由",随着社会财富积累的进一步扩大,导致了资本主导力的进一步强化。资本主导经济的社会特征发展到虚拟资本的急速膨胀,新的社会性灾难也就不远了。

所幸的是,在新的非现场经济时代里,智慧劳动正通过积极利用智慧共享体系去抗衡资本不足,由此削弱了资本单一主导经济的功能,有效地遏制了虚拟资本疯狂的恶性泛滥现象,使社会财富分配或再分配重新回归到平等的理性。

这种智慧科技的整合特别表现出了新的智慧共享特征,人们可以在非现场的状态下,以极其低廉的代价和极其便捷的途径在共享型的智慧网络体系中获取各种新科技的更新和应用。共享型智慧网络体系为非现场经济的智慧劳动带来了更高的劳动效率,这种高效率的智慧劳动一方面借助于新的智慧技术和智慧共享降低劳动成本;另一方面通过智慧共享体系消除由场地成本和时间成本带来的劳动总成本的攀升。智慧劳动借助于智慧共享体系的非现场经济现象,实现的是从固定劳动时间和固定劳动场所的解放,从而弱化了场地成本和时间成本变化带来的影响。我们知道,经济学的基本原理是价格调整可以改变供求平衡,或者说供需矛盾决定了价格波动状况。这样,劳动力的价格也与劳动力市

---

① 张为志.智能终端支撑下的非现场经济[M].杭州:浙江大学出版社,2011.

场的供需状况相挂钩,也就是说,劳动力价格主要与劳动效益和劳动力市场的需求有关,不与劳动的成本直接挂钩,这也解释了为什么科技进步使劳动成本降低,劳动价格却不降反升。

一般来说,边际成本的变动规律是:最初在产量开始增加时,由于各种生产要素的效率未得到充分发挥,所以边际成本随产量的增加而递增,然后,随着产量的增加,各种生产要素的效率得到充分发挥,边际成本随产量的增加而减少。最后,当产量增加到一定程度时,由于边际成本递增规律的作用,边际成本又随产量的增加而增加。如果不考虑最初的短暂情况,那么,它的变动规律主要表现为:边际成本先是随产量增加而减少,当产量增加到一定程度时,就随产量增加而增加,因此,边际成本曲线也是一条先下降而后上升的"U"形曲线。也就是说,边际成本的变动规律与平均成本的变动规律相似,也先随产量增加而降低,达到一定规模后开始提高。只不过它达到最低时的产量比平均总成本及平均变动成本的小,在平均总成本与平均变动成本达到最低点时,边际成本等于平均成本。

在通常边际成本理论的指导下,我们再来研究下非现场经济里的边际成本,我们发现在非现场经济里,边际成本(MC)的特性发生了变化,成了EMC,我们称为非现场边际成本(见图4-3)。由于,劳动的经济效益比 $A = \dfrac{\text{使用价值(B)}}{\text{劳动消耗(C)}}$,非现场经济评价也可以直接用单位使用价值与劳动消耗差的比值来表示,即:

$$R = B/(C - C_1)$$

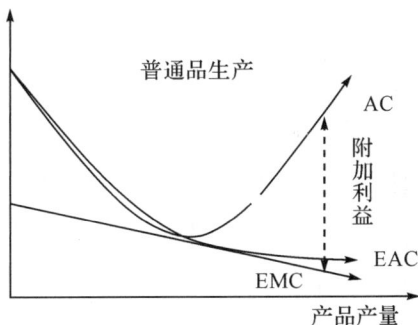

图 4-3　MC 曲线示意图

注:AC 为平均成本,EAC 为非现场经济平均成本,EMC 为非现场经济新边际成本。

R 为非现场经济效果,$\Delta C = C - C_1$ 为劳动消耗。

这里我们特别要注意,为什么会因为非现场经济的影响力使 ΔC 成倍减小而导致单位劳动消耗提供了成倍的使用价值量。我们可以通过分析 R 值的贡献值变化来得出结论。这个结论就是非现场经济现象里的新边际成本导致了

ΔC 的成倍减小趋势。这是一个非现场经济对整个经济体的纵横渗透的量化指示。纵的渗透影响是指,对智慧产品或主要利用智慧技术生产的产品的成本影响。

这里的劳动消耗借助智慧技术的力量与其他产品劳动消耗相比,已经是成倍下降了。同样因为智慧技术的应用是低成本的共享型成本,实际总成本达到平衡点后,我们可以发现此时的新边际成本非常小,几乎接近于零。而且 MC 的走势曲线也发生了变化,由 U 形演变成下降的直线了,此时 MC 的走势曲线不再随着生产规模扩大的变化而变化,反而反弹向上了。这是因为在智慧经济时代,我们的智慧劳动创造的智慧产品是通过智慧共享平台来实现的,而不是靠增加设施、设备等生产劳动的基础条件来实现的。理论上讲,智慧劳动的规模扩大,不再需要附加条件,而可以无须增加任何成本地实现无限的规模扩大。此时传统的 MC 已经无法表述这样的经济特性了,它已经演变成新的边际成本概念——EMC 了。这时实际的边际成本里有两个在同时影响着单位使用价值的劳动消耗,即普通产品生产的自身边际成本(MC)和智慧技术应用带来的非现场边际成本(EMC)。普通生产环节的 MC 还是保持其特有的递减到递增的 U 形特征,而 EMC 则是下降的直线特征,这两个边际效应叠加,共同影响着我们的产品生产,从而实现了 ΔCe 成倍减小,最终导致单位劳动消耗提供了成倍的使用价值量。从图 4-3 我们可以看出,非现场经济的研究成果不是单一鼓励新信息产品的增加,更不是鼓励新信息产品、高科技产品或高新企业统统去替代普通产品的生产,而是鼓励各行各业(包括传统的普通产品生产)尽可能地去运用非现场经济现象里 EMC 的特性原理,快速地提升各行各业各自的综合经济效益。非现场经济影响各行各业的效益是通过其中的智慧劳动的渗透力来实现的,这种新劳动的效益则是通过其共享型的低成本作用而表现出来,我们可以表述为:

$$P = Ae_1 - Ae$$

等式中,P 为非现场经济效益;Ae_1 为影响后劳动的经济效益,Ae 为影响前劳动的经济效益。

非现场经济通过上述各方面因素的联动,相互作用、相互影响,三位一体地共同促使 C 快速转向 C_1,成为社会整体经济效益高涨的核心推动力,使智慧劳动逐步替代了资本,成为市场经济的新主导者。此时,传统的劳动力价格规律几乎起不到作用,也就是劳动力价格由供需决定的规律不再灵验了。这也不仅仅是因为搜寻成本的问题所导致的,而且是因为在智慧经济时代里,实际的综合劳动经济效益发生了巨大的变化,智慧劳动本身的价值体现不再是单靠原始的市场供需来调节了。也就是说,智慧的综合劳动经济效能和作用,不再单纯地受资本主导的市场制约了,智慧劳动正与资本一起,开始反过来主导这个新时代下的市场经济。

因为此时,借助于科技的生产力作用,劳动成本的降低反而使劳动效益激增,也就是说,劳动实际效果、单位劳动的作用得到了提升,在劳动力市场平稳的假设前提下,随之而来的劳动价格提升也就具有了合理性。可是,由于劳动力的类别是各有不同的,很难统一、标准地量化产品和服务,特别是当劳动力价格偏离传统的供求关系理论时,就会出现一些失业人员找不到适合的工作岗位,而许多用人单位却有许多工作空缺的现象。此时就出现了劳动力市场的搜寻冲突,因为劳动的买者和卖者之间在互相需求时,他们都需要时间和精力,也需要搜寻成本。这种冲突的出现,就意味着雇佣工人需要更加合理的方式,也就需要市场在招聘人员和满足工作需求上提供更合理的机制。

智慧经济时代的来临,导致了非现场经济现象的加剧,使单位劳动成本急剧下降,劳动市场的合理产出和劳动形态均发生了变化,尤其是共享型智慧体系的应用扩大,固定劳动时间和固定劳动场所的弱化导致了隐性就业、隐性劳动供给等现象的加大,劳动市场的合理机制中缺失的那部分会被日益放大。这样,原有的 DMP 模型中不完善的问题,也将被日益显现出来。处在信息经济高级阶段的智慧经济时代,非现场经济现象里出现了很多与新型劳动相关的问题,DMP模型也存在着一些缺陷。智慧经济时代非现场经济的来临,是将人们从固定劳动时间和固定场所的劳动中解放出来——不仅将人们从繁重的体力劳动中解放了出来,更是把人们从部分固定的劳动时间和固定的劳动场所中解放出来,实现的是单位经济效益中的劳动消耗最小化效果。然而劳动消耗的最小化产生了效益的最大化,这就是智慧劳动的特有属性。伴随着这种劳动的再解放和这个智慧劳动属性的新出现,非现场经济开始极大地影响我们的生活和经济各个层面的变迁,也决定了我们整个经济结构的变化趋势。这就引发了一系列的思考。首先,非现场经济究竟是增加了就业还是扩大了失业大军;其次,非现场经济改变了搜寻成本,是否还需要更新市场机制;再者,智慧劳动形态的出现,劳动从被动转向了主动,智慧劳动是否已经开始主导经济。于是,非现场经济学研究的重要性,也就随之变得显而易见了。

这里需要说明的是,在非现场经济时代,非现场经济的渗透力促进了智慧共享体系的完善,推动了智慧劳动成为经济的新主导者,这种进程并不代表贫富差别就会很快减小,其作用在于,它是一个平民的希望所在,一个社会发展的总趋势。这种进程不是哪个机构或哪个政府给予的,也不是哪个机构或哪个政府阻挡的了的,机构或政府的主动式与被动式的参与只会影响到它的进程速度的增减,不会影响到其实质的发展进程。其积极意义在于:

(1)资本积累型富豪不再是唯一。无资本的平民单靠智慧劳动而快速成为富豪的可能性大大增加,广大的平民又一次看到了希望,精彩怎能错过!

(2)资本不再是经济唯一的主导。由于资本不再可能独家绑架我们的社会财富,也就不再可能随意地掀起市场经济的惊涛骇浪。这里我们要注意,智慧劳动主导经济的力量崛起,并不代表资本将退出经济主导的地位,智慧劳动不是替代资本而成为新的单一经济主导者,是资本还将长期存在,资本的经济主导功能仍然将发挥巨大的作用,只是需要和智慧劳动一起作用于社会经济体,智慧劳动将和资本并肩占据经济的主导者地位。

第五章　经济主体的转变

第一节　实体经济的非现场化

非现场经济对整个社会经济体系的冲击逐步显现,从产业链后端正逐渐向前端转移,且强度越来越大,新的非现场经济一体化正在形成。

非现场经济时代的生产要素是以知识、技术、数据流为核心,资本的地位已逐步让位于低门槛的智慧劳动。这些要素变化特别有利于技术含量高的新兴产业和大众创业的发展。非现场经济"边际成本递减"的低成本的渗透力特性,产生了巨大的经济及社会效益,也对传统的经济模式产生了颠覆性的影响。

非现场经济信息交互的无处不在和开放性、便捷性、低成本性,为平等参与竞争提供了基础。信息交互传播方式的改变,也改变了大众接受资讯的方式。于是,传统媒体首先受到前所未有的冲击;紧接着,传统经济结构后端的流通渠道受到更大的冲击,也就是非现场经济直接作用于零售和中间渠道两个部分,渠道扁平化为整个经济体系带来了巨大变化,进而传导到产品的提供者制造商和产品服务组织商。随着非现场经济的迅猛发展,其对实体经济的影响也随着非现场经济的渗透力加强而日渐深入到产业链的前端。我们可以看到非现场经济对整个生产组织的冲击,在压缩了销售渠道之后,巨大的在线需求开始对生产的组织产生影响。传统市场经济模式下的厂家是按照自己对市场的预期、判断去组织产品的,款式设计也是来自于设计师"也许顾客会喜欢"的产品预判。这样会产生的问题是,厂家的预期和市场的真正需求不一定吻合,非现场经济则需要企业真正直接从无疆域的新社群消费者的需求开始。经济活动中最为核心的就是交易,非现场经济打破了传统的交易过程中交易信息交互、交易撮合、交易实现这三个阶段的基础,使信息交互变得成本低、效率高、透明化,而不再是信息不对称;交易撮合也不再是特殊中介阶层,而是全民直接参与下的直接撮合;交易实现不单是物的转移,其核心是所有权的转移,非现场支付与结算成了非现场交易实现的标志。

非现场经济不是虚拟经济,非现场经济意识要求回归到经济活动的本位、回归到做企业的本意、回归到活生生的现实社会。其推动着智能技术、云计算、大数据、物联网等与现代实体业、现代制造业的结合,非现场经济促进电子商务、现场商务、非现场经济工业和非现场经济金融的健康发展,引导非现场经济时期的企业拓展新社群结构市场。非现场经济的本质是传统产业经过非现场化改造后的顺应新社群的在线化、数据化。非现场经济不是覆盖或替代传统经济,而是促进传统产业将新一代智能技术与传统行业产业链融合起来,从而提升实体经济的创新力和生产力,提供给新社群以更好的服务与产品。通过注入非现场经济的元素,使传统的店铺、专卖店、金融服务行业、出版教育等业务得到全新的服务方式。通过非现场经济,可以极大地降低流通环节的成本,升级提高渠道效率,也使身处偏远地区的人们平等地享受优质产品、公共服务和接受先进水平的教育。非现场经济型企业也可以更形象地、低成本地、快速地向自己的客户展示企业的最新产品、最新业务、最新服务。非现场经济的无处不在将会带来社会经济的巨大再发展,非现场经济不仅仅是价值转移,更是价值的创造者,它广泛拥抱的是包括实体经济在内的一切社会经济活动。

在这变化的时代,数据化、智能化、移动化、无疆界社交化、全球文明一体化是未来非现场经济发展的目标,非现场经济产业生态调整和价值重构将面临艰难的挑战。如今我们的企业家和从业者已经或多或少地感受到非现场经济化趋势的压力,于是互联网、"互联网+"被频频提及。许多传统行业以为开辟网站,加个电商平台，或者进行了网络营销就等于实现了"互联网＋"，这是一种狭隘的认识，它造成企业升级转型失败率居高不下。倘若现场经济体或企业仅仅把电商当成一个新生业务渠道，或者把互联网业务当成一个新业务模块，贴上一个标签就完成了"互联网＋"，不仅实现不了经济转型，产生不了新业务，也难免跟自身原有的线下渠道恶性竞争，导致内部资源耗损激增，反伤其身。这是一个已经很急功近利的社会发展特殊时期，不少人为了达到目的已经失去了耐心，恨不得一口吃成个胖子。在一个缺乏思考和想象、只想走捷径的社会环境里，一个简单的"互联网＋"等式，很容易让不少人存有加一下就有区域经济新动力，加一下就能实现企业升级转型，加一下就能获得新效益的天真幻想。

　　不久前，浙江某企业老总与我交流非现场经济环境下酒店业与休闲产业的发展方向。我以为，新时期的酒店业、休闲业简单加个互联网不是非现场经济化，充其量这只是传统酒店业和休闲业的营销在线化，其实质还是在大工业革命带来的高度现场化的酒店运行的基础上，为了应对市场萎缩而采取的一种新营销手段而已。非现场经济思维则希望我们的酒店业主和从业者们从社群结构的在场与不在场的变化趋势去思考，什么是非现场经济文明时代的酒店与休闲，而不是现有酒店如何营销。非现场化趋势并不代表我们未来的人就不需要面对面的交流与进行现场商务，而是让我们思考，在非现场经济文明期里，由于非现场活动占主导，面对面的交流与亲情占比下降，届时我们在怎样的情况下才会需要面对面的现场活动，在场的见面又将需要怎样的场景。于是，我们可以去畅想一下，去集中式都市写字楼化的人类，会在怎样的场所谈事与谈情说爱，也许这就是未来酒店业的非现场休闲化。一方面，劳动时长与休闲时长的占比在发生变化，劳动时长占比正逐步缩小，自由支配的休闲时长在加大；另一方面，劳动时间开始呈现出碎片化趋势，休闲时间则开始连片化，且碎片化的劳动时间开始出现分散地嵌入到连片化的自由休闲时长之中。中国产业非现场经济之路在于智能科技的共享体系带动传统工业、传统农业和其他领域的协同发展，这才是可持续中国优势发展之路。在此，特别提示，电商、移动电商都只是一个顺应社群发展变化的新社群经济窗口，其最终的核心竞争还是在于"服务于非现场经济时代的产品、服务于产品人"。

　　以蒸汽机和电气化为代表的两次工业革命使人们的社会活动向高度现场化集中,这导致了生产流水线和都市等的产生,人们的生产、生活被引向了相对集中的固定地点、固定岗位和定点的时间。如今,人们正从工业革命的高度集中式现场生活主形态,转向更自由的非现场活动主形态,其对应的经济主形态也随着新社群感的变迁而转为非现场经济,社群结构和形态发生根本性的变化,新社群边际模糊化和去疆界化具有了弱化现场社群要素的影响力,甚至是去现场社群属性的趋势,对应的社群经济核心要素在非现场经济环境中发生了重大变化,新经济的纵横机遇也将变得"一视同仁"。智能革命把人类从特定的环境限制中再次解放了出来,这是一次个性主张的自由革命。这是由智能终端、移动互联、物联、云计算、人工智能、量子计算、市场动力机制、新社群交易实现体系等要素构成的智慧共享体系整体协同作用的结果,而不仅仅是互联网或互联网延伸出来的效能,互联网仅仅是智慧共享中的立体数据通信(各种传输手段)中的一个要素而已。由智能科技重新建构的非现场新产业文化,也将脱离现场为主的经济土壤,建立在非现场经济的新大地上。非现场经济的渗透力直接、间接地决定了社会经济的主形态发展趋势,非现场经济活动的时空分别表现在了横向的跨地域性与纵向的跨行业性之上,表现为各种非现场新社群经济、非现场服务业、非现场金融业、非现场实业经济、非现场制造业经济,以及非现场区域经济、非现场公共管理、非现场民主、政治、军事,等等。因此,我们还能停留在以高度现场为代表的大工业革命带来的各种理论体系之中吗?显而易见,不能。我们不能再停留在大工业革命的思维惯性之中,也不可错误地、片面地去理解智能科技推动下的社会主形态发展态势,更不可再简单地提倡"互联网+"这种标签式的思维。

　　非现场经济是大众参与的全面经济形态,实体经济是非现场经济的不可分割、不可替代的组成部分,非现场经济的根本还是在于新时代共享创新型实体经济的非现场化。

第二节　自由人的自由联合

非现场经济不是一个单纯经济学概念，也不仅仅只是一个提法的问题，它揭示了人类三大文明阶段的另一种划分，并提出了第三文明（第三经济），是社会文明发展进程的一个代表性符号，标志着人类文明进入了一个崭新的非现场经济时代。在非现场经济文明时代新共同体中，我们将被重新定位。

非现场经济社群意识摆脱了西方的个体政治、社会主体思维。个人主义、利益共同体开始逐步转向智能科技应用环境支撑下的新"兴趣共同体""内容共同体"。非现场经济新社群的特性之一是，新文明共同体主体思维不再是单纯的个体主张，也不再是带有个体评判的分享式思维，而是群体借鉴型的共享式思维（分享式思维在新时代环境中可能存在着不同于其他时代的抵抗性）。这种新主体思维中的共享特征，最终成就了非现场经济的核心动力机制——智慧共享体系的形成，促进了共享型社会大脑的集成与发育，最终推动了人类社会进入一个崭新的文明阶段。

《世界是平的》的作者托马斯·弗里德曼在描述当前经济社会的行动者时认为，我们正处于新兴的、被放大的个体时代，你不再需要一个国家来实施全球行动，不再需要一家公司来实施全球行动，现在作为一个个体，你也可以实施全球行动。互联网形成了一个扁平的世界，能够以个人的形式采取全球行动，这就是这个时代的新事物。由于互联网，个人被赋予了强大的力量。而创客就是这种新型经济主体的最具代表性的体现，他们以自由人的身份进行自由的联合创造。

随着创客一词从美国硅谷传入中国，近两年越来越多的创客活动在北京、上海、深圳等地兴起。李克强总理在考察深圳柴火创客空间时，称赞他们充分对接市场需求，创客创意无限。智能硬件的兴起将促使中国经济从"中国制造"向"中国创造"转变，创客无疑会成为智能硬件发展的蓬勃动力，智能硬件也会为创客发展提供发挥的空间。"大众创业，万众创新"被写入政府工作报告后，智能硬件创客再次声名鹊起。国内创客空间已达 70 余家,无论从技术支持、生产成本,还是从产业和政策环境方面来说,当下都是创客的美好时代。

人们用数字化工具在线制造实实在在的物品就是创客运动。创客运动把对创造的参与和开源精神普及给大众,引领产业革命。这是网络一代改造真实世界的过程。每一次产业革命的发生,不在于某项发明创造的产生,而在于谁在发明。当创客普及到民众,才可能领导新的产业革命。互联网有天然民主性,每个人都具备了创造和传播的能力,就降低了创造门槛。当这种力量流入现实生活,就是创客运动及它带来的线下产业革命。其基础是 3D 打印技术。3D 打印的普及会带来更极致的个性化生产,未来对制造的参与可能就像在现实生活里买支牙刷一样,创客将不再是少数人的兴趣爱好。互联网上的免费和开放精神对应硬件开源文化。开源可能会损失产品,但却可以建立起生态体系。21 世纪最佳的公司不仅仅拥有技术,还拥有工程、设计、营销、全球化,而且它们也会拥抱开放平台。

从技术上来说,开源硬件的出现降低了创客制造产品的门槛。当前世界上的主流开源硬件平台有 Arduino、BeagleBone 和 Raspberry Pi 三种。通过这些开源平台,创客可以把自己的设计图、原料表和执行软件等通过开源的方式进行分享,任何一个拿到该硬件的人都可以对它进行修改、生产、销售以及再分享。这些开源硬件的出现,大大提高了智能硬件产品的创新能力,从技术上对创客运动的发展提供了支撑。中国完善的制造业生态体系不仅为本土创客提供了孵化创意的温床,还吸引了一批国外创客来到中国孵化梦想。中国的原材料成本低、生产速度快,加上广阔的市场、丰富的人才资源,可以说没有什么地方比中国更适合智能硬件的创客模式发展。由于世界的制造业生产环节主要分布在中国,创客的产品即使订单很小,也能在中国找到生产厂家。在曾经的"山寨时代",深圳等地积累了一定的小厂制造产能,而山寨生产体系使中国创客的智慧产物实现了低成本的批量生产。同时,创客孵化的智能硬件承载着多样的设计和创意元素,可以和山寨企业完备的供应链资源和制造能力优势互补,这未尝不是山寨企业转型的最优路径。

中国当前的智能硬件产业环境为创客提供了发挥的空间。这两年,智能硬件创业大潮汹涌而至,3D打印、可穿戴设备、智能电视、智能路由器、WiFi发射器、物联网、车联网等炙手可热的领域成为兵家必争之地。创客由于基因里的创新元素,加上拥有容易获知用户个性化需求的优势,在硬件智能化的战役里无疑具有顽强的战斗力,这是创客涉足智能硬件领域的先天优势。在这个过程中,创客和传统企业之间是一种平衡共存的模式。在智能硬件浪潮中,大企业自然不会缺席,除了推出与原有业务结合的硬件产品之外,他们或直接收购、投资一部分项目,或通过孵化的方式来扶持创客。例如,联想、海尔等传统企业正在通过孵化的方式,将创客融入自己的生态体系里,推动智能硬件标准平台的建设。

政府和民间力量的支持也为智能硬件创客发展提供了必要的支持。为了使创客能够在从"中国制造"到"中国创造"的转型中发挥作用,各地不断推出支持政策给创客"供血"。在北京,中关村已启动专项工程,推动大众创业和跨界创新,拟到2020年实现以创新型孵化器为代表的"众创空间"超过500家。此外,民间力量的支持主要在于用众筹方式提供资金。利用众筹网站,创客的产品在没批量生产之前就获得了订单和资金支持。更重要的是,这种支持直接来自于市场。据悉,2014年全年共发生766起天使投资案例,总额超5.26亿美元,同比增长达161.4%。

人类智慧集成与共享的社会大脑,最终将推动非现场经济史无前例地超快速发展。

第三节　生产者与消费者让位于产消者

在信息通信技术(ICT)的促进下,网络化逻辑的普遍存在实质上改变了生产与交易方式、消费体验,以及权力与文化的形成过程和结果,网络建构了新的社会形态,形成了当前的网络社会。^① 在网络社会中,消费者的角色与行为正在不断地发生演化。未来学家托夫勒提出了"产消者"(prosumer)的概念,并预言人类文明将迈向"生产者和消费者再次合一的个性化文明"^②。这一预言正在成为现实:在网络社会中,消费者已经拥有了前所未有的知识与技能,他们参与到了产品与知识的创造过程中,和生产者之间的界限开始变得模糊;企业内外部组织形式也呈现出网络化的发展趋势,企业将原本需要花费资金雇佣他人完成的工作"众包"给消费者,利用产消者所形成的企业外部网络以及"消费者创新"模式,以更低的成本创造产品。国内外一些企业正在运用产消者的理念来提升商业模式、创新模式和组织形式。

产消者的兴起缘于新的技术范式的推动,而消费者的主权意识和知识、能力的增强,企业贴近市场、降低成本的要求,也为产消者的兴起起到了巨大的推动作用。这些都为托夫勒的预言提供了充分的理论论据,使得产消者的兴起成为一种客观趋势。

第一,在消费者层面:首先,随着消费心理成熟度的提高,消费者不再仅仅被动接受企业传递的信息,而是要求信息更加对称,拥有更多控制权,一些消费者更是自己动手,参与到了产品的研发与生产中。其次,消费者的社会性动机越来越强烈,个体在网络社区中持续的互动和才华的表现使他得到其他参与者的认同,获得成就感和满足。詹金斯将此概括为消费者的参与式文化(participatory culture)。^③ 因而,驱动消费者转化为产消者追求的是参与和乐趣、学习和交流、社区认同、互惠利他等社会性动机,而非经济性动机。最后,消费者知识与能力不断得到提升,高等教育的普及使知识分布日益广泛。通过互联网,普通消费者拥有了参与企业价值创造所需要的知识、技能和学习能力,因此,舍基提出了业余生产(amateur production)的概念。^④

第二,在企业层面:首先,企业渴望通过消费者"嵌入"来降低研发成本与风

① 曼纽尔·卡斯特. 网络社会的崛起[M]. 北京:社会科学文献出版社,2001.

② 阿尔文·托夫勒. 财富的革命[M]. 北京:中信出版社,2006.

③ Jenkins, H, et al. *Confronting the challenges of participatory culture: Media education for the 21st century* [M]. Cambridge, Massachusetts: MIT Press, 2009.

④ 克莱·舍基. 无组织的组织力量[M]. 北京:中国人民大学出版社,2009.

险。企业将消费者"嵌入"到组织中能更准确地挖掘消费者的需求,利用消费者的隐性知识更好地开发产品,缩短开发时间,降低开发成本。其次,弥补企业内部资源的不足,节省成本费用。企业内部的人力和智力资本是有限的,而消费者个人和群体在传统组织之外的能力增长却是前所未有的。产消者模式的运用正好可以充分挖掘存在于大众中的集体智慧,也能够节省大量的成本。最后,利用消费者的社会网络和社交网站,提高营销效率。企业可以利用消费者的人际关系网络,使消费者在社交网站或社区中主动向其他成员传播商业信息,提高产品及企业信息传播的范围和有效性,降低营销成本。同时,消费者还可以吸引社交网站或社区中的其他成员也加入到企业价值创造的活动中,企业会获得更多的人力和智力资本。

最后,在技术层面:首先,网络信息技术促进了个体化劳动和弹性工作。网络信息技术使工作任务虽然在空间上分散,但可以通过互联网实现即时地协调整合。伴随着外包、虚拟经营等形式,劳动的个体化和弹性工作成为趋势,硅谷里三分之一的劳动力从事着个体劳动和弹性工作。因而,许多消费者有时间和精力从事产消者的活动。其次,新兴网络通信技术极大地降低了企业与消费者、消费者之间的沟通成本。随着微博、社交网站、即时通讯软件等新兴网络通信技术的迅猛发展,企业有了更多、更方便、更直接的渠道来和消费者进行沟通,虚拟社区中的消费者间的联系更为紧密,消费者网络也得以形成。最后,创新工具的日益普及使消费者参与企业价值的创造成为可能。消费者拥有了更廉价和易操作的参与企业产品创新的工具,拥有了将自己的创意转化成产品的媒介。点对点网站的出现、开放源代码软件、用户易于掌握的应用程序和编辑工具、廉价的存储器与数码产品都为产消者的出现提供了可能,推动了集体创造力的爆发。

产消者的兴起是社会经济结构的一种变革,有着深刻的理论内涵与意义。它不仅意味着消费者的功能、权力与责任发生了重大转变,也意味着生产主体发生了新的变化,进而改变了企业创新模式与组织模式。

产消者作为新的生产主体的出现,是网络社会中各类节点密切互动、相互依赖的结果,是网络社会结构的一大表征。工业社会是由大规模的、垂直的生产组织建立起来的,而以电力为基础的通信技术还未能拥有足够的能力使网络中所有的节点具有自治性,只有到了 20 世纪 80 年代,以微电子为基础的信息通信技术确立了新的科技范式,才推动了具有开放性、去中心性、聚合性和高度互动性等特征的网络社会的形成。卡斯特将这种新的技术—经济体系称为"信息化资本主义"。① 消费者的能动力、生产力和创造力得到前所未有的提高,消费者主权不断扩张,消费者与生产者之间的界限变得模糊,消费者在生产活动中的嵌入性得到提高。产消者具有强大的生产力,依赖于自组织的网络社区,而不依赖于市场机制,是后资本主义的新表现。② 在"后资本主义时代",知识以及拥有知识的"知识劳动者"是最重要的资本。产消者即后资本主义时代的知识劳动者,利用互联网结成社会网络的知识劳动者们通过交换知识、创造知识推动着社会结构的演化。

产消者所实施的生产方式是一种独特的"大众生产"方式。产消者往往以群体的形式利用互联网共同协作参与生产,因而实施的是"大众生产"(peer production)。③ "大众生产"也被称为"众包"(crowdsourcing),是指把传统上由内部员工或外部承包商所做的工作外包给一个大型的、没有清晰界限的群体去做。④ 众包强调突破企业的资源专用性边界,跨组织共享信息资源,同时强调网络节点的能动性和创造性,实现平台和节点的有效互联。"大众生产"方式的核心是产消者构成的群体通过大规模协作的方式进行价值创造。产消者之间的大规模协作是对大规模生产、大规模定制的新发展。

企业将消费者纳入自己的创新网络当中,提倡"开放式创新",这是产消者给企业创新模式带来的变革。这一变革使技术创新的实践与研究的视角由企业内部转向外部。许多原先处于行业领导地位的企业却未能从创新中获益,原因在于这些企业大多采用封闭式创新模式。这种创新模式已不再适用于新的经营环

① 曼纽尔·卡斯特.网络社会:跨文化的视角[M].北京:社会科学文献出版社,2009.

② Bauwens, M. Class and capital in peer production [J]. *Capital & Class*, 2009(97):121—41.

③ Benkler, Y. Commons-based peer production and virtue [J]. *The Journal of Political Philosophy*, 2006, 14(4).

④ 杰夫·豪.众包:大众力量缘何推动商业未来[M].北京:中信出版社,2009.

境,开放式创新(open innovation)将取而代之。[①] 当企业在发展新技术的时候,应同时将内部和外部的所有有价值的智慧有机地结合起来,消费者即是外部智慧的一个主要源泉。基于此,希普尔(Hippel)提出了"用户是创新者"的革命性观点,并开创了用户创新(user innovation)理论。[②]

产消者群体在产权缺失、无层级和市场定价的情况下却能成功运行,其独特的组织模式和治理机制发挥着关键作用。可以说,产消者的群体组织是一种对企业组织的解构,开源运动的主要领导者雷蒙德在其名作《大教堂与集市》中使用"集市"(bazaar)一词来比喻它的特征,对应大教堂式的企业。雷蒙德认为开源软件采用分散的、民主的组织方式,像是"一个巨大的、有各种不同议程和方法的乱哄哄的集市,但一个稳定的系统奇迹一般从这个集市中产生了"[③]。与传统的 U 型、M 型组织和典型的网络组织相比,产消者群体组织具有成员边界不固定、社区文化强、没有集权的决策中心、开发和改进同步进行、参与者根据自己的能力自己选择承担的任务、产出基于知识信息的产品、低成本的高效沟通等特征。Demil 和 Lecocq 在《既不是市场、企业,也不是网络:新兴的集市治理》一文中,提出了"集市治理"(bazaar governance)的概念。[④] 集市治理是对大众生产独特的组织模式与治理机制的精辟概括。集市治理是一个基于众多个人关系网络的模式,这不仅是一个技术过程,也是一个社会化过程。

---

① Chesbrough. H. *Open innovation*, *the new imperative for creating and profiting from technology* [M]. Harvard Harvard: Business School Press, 2003.

② Hippel, V. E. Perspective: User toolkits for innovation [J]. *The Journal of Product Innovation Management*, 2001(18).

③ Raymond E. The cathedral and the bazaar [J]. *Knowledge*, *Technology & Policy*, 1999, 12 (3): 23—49.

④ Demil B, Lecocq X. Neither market nor hierarchy nor network: The emergence of bazaar governance [J]. *Organization Studies*, 2006, 27(10): 1447—1466.

第六章　生产方式的转变

在经济社会的生产方式上，非现场经济强调由传统大规模工业生产到大众生产的新生产模式，强调由建立在传统技术的制造业向结合了一系列智慧技术的智能产业转型。非现场经济制造业倡导去中心化大众参与、权级平等的共同创造结果，消费者可以直接在线向厂家表达自己的观点或参与原创生产。

第一节　从大规模生产到大众生产

"大众生产"（peer production）的概念由 Benkler 于 2002 年首次提出并不断深化。Benkler 指出，大众生产模式是指"由分散在各地的众多的参与者利用互联网共同协作式提供、分享知识产品的知识生产模式"[①]；Lim 把大众生产定义为"通过大规模协作进行创新和价值创造的新形式"；Bauwen 认为大众生产是"通过自动配置资源，相互适应并共同参与，最后产生公共品的自组织形式"；此外，他还提出了大众治理（peer governace）的概念，大众治理是在大众生产的核心管理者与大众参与者群体之间形成互相依赖的关系。[②]

---

① Benkler, Y. Coase's Penguin or Linux and the nature of the firm [J]. *The Yale Law Journal*, 2002, 112(3)：369—446.

② Bauwens, M. Class and capital in peer production [J]. *Capital & Class*. 2009, 33(97)：121—141.

大众生产依赖于分散化的信息搜集和交换以降低参与者的不确定性,这能够让个人充分发挥出创造力,也拥有大量的信息和备选人员,因而在知识产品的信息处理中具有优势,这种优势可以帮助参与者自我识别自身的创造力,并且能够在较少约束下,充分发挥其创造能力,这正是传统的大众生产优于企业和市场之处。Moore 和 Orsi 等学者也认为大众生产的共有产权是对资本主义的组织和生产方式的挑战,在影响商业和媒体发展的同时,更加促进社会的民主化进程。①

Lim 将大众生产分为开源和众包两种形式;Oreg 和 Nov 将其分为内容开放项目和开源软件项目;目前比较全面的分类由 Bauwen 提出,他将大众生产分为产出公共品的大众生产、众包和 Web 2.0 环境下的资源共享模式三种形式。

Bauwen 的分类具体为以下内容:首先,产出公共品的大众生产,如 Linux,其参与者主要包含个体参与者,当源代码向大众开放之后,通过自组织形成社区;组织通常是非盈利的,用来管理基础设施的合作和集体资本需求,如 Apache 基金会和 Mozilla 基金会;为大众创造附加价值,并在理想情况下采用利益共享机制的企业。在协作式产出公共品的大众生产中,利益共享取代了利润分享,因为获取利润的动机有悖于自愿贡献"非互惠性原则"和"倾巢而出"的参与方式。如果不能很好地践行利益共享机制,或单方面牟取利益,将严重损害社区志愿者之间的关系。

其次,众包模式,其具体包含大众智慧、大众创造、大众投票和大众集资四种基本类型。企业利用大众智慧解决难题或者预测某种事物的发展,例如 Inno-Centive 将企业内部无法解决的开发难题在网络平台上发布出来,向世界各地征募人才帮助企业共同研发。大众创造是将企业内部任务"外包"给大众来创造产品或服务,例如百度百科和土豆网,用户在网站或平台上创建、编辑、上传、评论等互动行为参与到网站的平台架构之中。大众投票是依靠大众的辨别能力将海量信息分类,例如亚马逊通过分析消费者的购买偏好向其他有类似需求的读者推荐他们可能喜欢的书籍。大众集资是由大众来代替银行和其他机构提供基金

---

① Moore,P,Karatzogianni,A. Parallel visions of peer production [J]. *Capital & Class*,2009,33 (97):7—11.

的一种方式。

第三种类型是在基于 Web 2.0 的分享式大众生产中,用户创造内容模式(UGC),泛指用户在网络上发布文字、图片、音频和视频等内容。它的兴起为虚拟社区用户打造了一个自由的、充分参与的、沟通的、互动的及共享的网络平台。这个专有平台负责授权资源共享式的参与方式,除了交换平台本身之外没有任何被创建的对象,这意味着团体和个人都能够分享他们的创意表现却不创建一个真正意义上的项目。目前国内外典型的用户创造内容模式的网络平台包括YouTube、Flickr、优酷网、大众点评网、豆瓣网、果壳网以及百度知道等。正是由于这样依赖第三方平台造成了参与者之间较弱的关系强度;此外,专有平台所有者通常会指定非常严格的条款,将创造性财产有效地控制在他们的所有权范围内。但由于此类型大众生产项目仅限于信息交流而不产出产品,因此本书对于此类型不予讨论。

大众生产组织是一种对企业组织的解构。Raymond 以 Linux 核心创始人Limis Torvalds 带领 Linux 开发为例,展示了一个不同于"安静和虔诚的大教堂"似的 Linux 社区,以大教堂和集市分别比喻传统模式和开源模式。他指出,在这个充满不同议程和方法的嘈杂的大集市里,一个统一、稳定的"集市"系统诞生了。在大教堂式的编程观念中,源代码中的错误是复杂而有深度的,需要几个人投入大量时间检查清理错误,因此较长的发布周期使等候多时又不甚理想的软件版本通常达不到用户满意度;而在集市模式下,在无数个开源软件项目共同开发者的积极参与下,纠错工作很快就变简单了,并可通过频繁发布来得到更多的纠错,综合同一领域内的众多观点要比随机挑选其中某个人的观点更加可靠。[①] 这种集市化的组织结构具有四个特征:不需要对软件发展方向进行研究的决策中心、开发与改进工作可同时进行、用户亦可参与软件开发、参与者根据个人能力自由选择任务。此外,Raymond 还总结出了 Linus 定律——有足够多的眼睛,就可以让一切问题浮现。其中,"集体智能"与"开放"堪称开源软件发展的核心法则,也是大众生产项目运作成功的关键所在。Linus 定律与大众生产所推

---

① Raymond E. The cathedral and the bazaar[J]. *Knowledge*, *Technology & Policy*, 1999, 12(3): 23-49.

崇的依靠"集体智能"不谋而合,企业通过集体智能建立一个参与者众多、劳动力多样化的网络结构,利用群体的多元化知识来解决问题、预测发展。

大众生产运作的三个必要条件是,任务必须是模块化的;每个模块的任务比较小;整合成本较低。泰普斯科特和威廉姆森也指出大众生产运作的必要条件是,参与者进入门槛和付出的成本较低,任务模块化,产品的整合成本和质量控制成本应较低。[①] 模块化的运作方式被认为是开源社区所遵循的一种运行机制。开源社区的模块化运行机制就是将任务分解成各个独立的模块,参与者可以根据自身所拥有的知识技能有选择地进行参与,而无须参与行动的同步化进程,这样就增加了行动的自由程度。Benkler 认为,开源社区这种组织模式的有效运行中,模块的大小很重要,像这种缺乏层级制和管理制度的组织,模块的大小直接影响到软件开发质量的高低。在开源社区中,参与者的贡献相比之下是比较小的,自由性是其参与的激励因素之一,较大的模块会降低他们的参与度。

非现场经济共享型社群与去中心化的交互特征,催生了以"大众生产"为主特征的非现场经济制造业。

第二节　从"制造"到"智造"

由传统制造业向智能制造业的转型也是非现场经济生产方式转变的一个核心内容,智能制造主要包含了智能工厂和智能生产两大主题。

一、智能工厂

"智能工厂"的概念最早由奇思 2009 年在美国提出,其核心是工业化和信息化的高度融合。智能工厂是在数字化工厂的基础上,利用物联网的技术和设备

---

① Tapscott, D, Williams, A D. *Wikinomics*: *How mass collaboration changes everything* [M]. New York: Portfolio, 2007.

监控技术加强信息管理和服务；未来，将通过大数据与分析平台，将云计算中由大型工业机器产生的数据转化为实时信息（云端智能工厂），并加上绿色智能的手段和智能系统等新兴技术于一体，构建一个高效节能、绿色环保、环境舒适的人性化工厂。目前智能工厂概念仍众说纷纭，其基本特征主要有制程管控可视化、系统监管全方位及制造绿色化三个层面。

一是制程管控可视化。由于智能工厂高度的整合性，在产品制程上，包括原料管控及流程，均可直接实时展示于控制者眼前，此外，系统机具的现况亦可实时掌握，减少因系统故障造成的偏差。而制程中的相关数据均可保留在数据库中，让管理者得以有完整信息进行后续规划；也可以依生产线系统的现况规划机具的维护；再根据信息的整合建立产品制造的智能组合。

二是系统监管全方位。通过物联网概念、以传感器做链接使制造设备具有感知能力，智能工厂拥有的制造装备系统具有可进行识别、分析、推理、决策以及控制功能；这类制造装备，可以说是先进制造技术、信息技术和智能技术的深度结合。当然此类系统绝不只是在工厂内安装一个软件系统而已，主要是透过系统平台累积知识的能力，来建立设备信息及反馈的数据库，从订单开始，到产品制造完成、入库的生产制程信息，都可以在数据库中一目了然，当遇到制程异常的状况，控制者亦可更为迅速地反应，以促进更有效的工厂运转与生产。

三是在制造绿色化方面，智能工厂除了在制造上利用环保材料、留意污染等问题，并与上下游厂商间，从资源、材料、设计、制造、废弃物回收到再利用处理，以形成绿色产品生命周期管理的循环，更可透过绿色 ICT 的附加值应用，延伸至绿色供应链的协同管理、绿色制程管理与智慧环境监控等，协助上下游厂商与客户之间共同创造符合环保的绿色产品。

二、智能生产

智能生产（intelligent manufacturing，IM），也称智能制造，是一种由智能机器和人类专家共同组成的人机一体化智能系统，它在制造过程中能进行智能活动，诸如分析、推理、判断、构思和决策等。通过人与智能机器的合作共事，去扩大、延伸和部分地取代人类专家在制造过程中的脑力劳动。它把制造自动化的概念更新，扩展到柔性化、智能化和高度集成化。与传统的制造相比，智能生产具有自组织和超柔性、自律能力、学习能力、自维护能力、人机一体化和虚拟实现等特征。

"智能制造"需要硬件、软件以及咨询系统的整合。那些具有"智慧制造"属性的生产线，不仅拥有为数众多的控制器、传感器，而且通过有线或无线传感网架构进行串联，将数据传输给上层的制造执行管理系统 MES，结合物联网的系统架构，从而让制造业提升到一个新的阶段。制造主要服务于产品的生产，现在随着客户的个性化需求越来越多，产品生产也逐渐呈现出少量、多样等新特征，这就迫使制造厂商不得不提升生产线的速度与灵活性，针对市场前端的变化进行快速调整。例如当前一些汽车厂就可以让客户在线指定汽车的颜色，并据此快速调整生产线，快速交付产品。智能制造就是要为使用者带来更多的便利。

近年来，由人工智能技术、机器人技术和数字化制造技术等结合在一起的智能制造技术正引领新一轮的制造业变革。智能制造技术开始贯穿于设计、生产、管理和服务等制造业的各个环节，智能制造技术的产业化及广泛应用进一步催生了智能制造业。概括起来说，当今世界制造业智能化发展正呈现出两大趋势。

第一，以 3D 打印为代表的"数字化"制造技术崭露头角。"数字化"制造以计算机设计方案为蓝本，以特制粉末或液态金属等先进材料为原料，以 3D 打印机为工具，通过在产品层级中添加材料，直接把所需产品精确地打印出来。这一技术有可能改变未来产品的设计、销售和交付用户的方式，使大规模定制和简单的设计成为可能，使制造业实现随时随地按不同需要进行生产，并彻底改变自"福特时代"以来的传统制造业形态。3D 打印技术开创了一个全新的偏平式、合作性的全球手工业市场，而不是传统意义上的层级式、自上而下的企业结构。一个由数百万人组成的分散式网络代替了从批发商到零售商在内的所有中间人，并且消除了传统供应链中每一个阶段的交易成本。这种"添加式生产"能够大幅降低耐用品的生产成本，从而使数以万计的小型生产商对传统上处于中心位置的大型生产者提出挑战。不过新的生产方式已经发生了重大改变，传统的生产制造业将面临一次长时间的"洗牌"。有预测指出，未来模具制造行业、机床行业、玩具行业、轻工产品行业或许都可能被淘汰出局,而取代他们的就是 3D 打印机。当然,这需要一个过程,主要是人们适应和接受新事物的过程与产业自身完善成长的过程。不过时间只是分水岭,新技术会逐渐变得成熟起来,并被广泛应用。

第二,智能制造技术创新及应用贯穿制造业全过程。先进制造技术的加速融合使得制造业的设计、生产、管理、服务等各个环节日趋智能化,智能制造正引领新一轮的制造业革命,主要体现在以下四个方面。一是建模与仿真技术使得产品设计日趋智能化。建模与仿真广泛应用于产品设计、生产及供应链管理的整个产品生命周期。建模与仿真通过减少测试和建模支出降低风险,通过简化设计部门和制造部门之间的切换来压缩新产品进入市场的时间。二是以工业机器人为代表的智能制造装备在生产过程中的应用日趋广泛。近年来,工业机器人应用领域不断拓宽,种类更加繁多,功能越来越强,自动化和智能化水平显著提高。汽车、电子电器、工程机械等行业已大量使用工业机器人自动化生产线,工业机器人自动化生产线成套装备已成为自动化装备的主流及未来的发展方向。三是全球供应链管理创新加速。通过使用企业资源规划软件和无线电频率识别(RFID)等信息技术,全球范围的供应链管理更具效率,缩短了满足客户订单的时间,提升了生产效率。四是智能服务业模式加速形成。先进制造企业通过嵌入式软件、无线连接和在线服务的启用整合成新的"智能"服务业模式,制造业与服务业两个部门之间的界限日益模糊,融合越来越深入。消费者越来越要求获得产品体验,而非仅仅是一个产品,服务供应商如亚马逊公司已进入了制造业领域。

由此可见,"智造"即在非现场经济文明期里,借助智慧共享体系、大众智慧直接参与的制造。

第七章　组织方式的转变

资本主义时代正逐渐离我们远去，尽管这一进程并不迅速，却是大势所趋。与此同时，一种改变我们生活方式的新型经济体制应运而生，它就是共享模式。事实上，当前的混合经济中已蕴含资本主义市场和协同共享两种元素，两者既相辅相成，又存在不可避免的竞争。有时，两者能够通过互利的方式反哺自身。但更多的时候，其竞争的本质促使两者相互并吞或取代对方。伴随着"并吞或取代"，非现场经济文明到来了。

非现场经济的智慧劳动使社会经济主导者发生了改变，资本主义时代社会经济的唯一主导者——资本的主导地位，正在被协同共享所带来的智慧劳动所撼动。借助于智慧共享体系效能的放大功能的智慧劳动正在逐步替代资本，而成为社会经济的新主导者，以市场经济为代表的资本主义时代也终将被以非现场经济为代表的共享主义所替代。

第一节　从市场到共享

资本主义的宗旨是将人类生活的方方面面带入经济领域，人们所需物品以商品的形式在市场中交换。几乎所有日常所需都被纳入资本主义范畴，包括食物、饮用水、手工制品、社会关系、创意、时间，甚至是决定我们是谁的DNA，它们都被定价并在市场上销售,而市场一直以来都是商品交换的特殊地点。今天,我们日常生活的方方面面都或多或少与商业交易相关。也就是说,市场定义了我们。但矛盾也在于此,资本主义的运行逻辑是,它的成功即意味着失败。

亚当·斯密在《国富论》中指出,市场的运作模式同牛顿发现的万有引力定律如出一辙。在自然界中,任何作用力都对应着唯一的反作用力。同样,在自我调控的市场中,供给和需求相互平衡。如果消费者对商品或服务的需求增加,那么卖家的售价就会随之上涨;如果售价过高,需求则会减少,进而迫使卖家调低价格。法国启蒙时期的哲学家萨伊是古典经济学理论的另一位早期代表,他同样借喻牛顿力学,提出经济活动本身是持续性的。与牛顿第一定律相似的是,萨伊认为经济活动一旦启动即持续运转,除非有外力产生反作用。他说道:"产品一旦被生产出来,它的自身价值就从这一刻开始全部作用于市场中的其他产品……一个新产品的诞生对其他产品的影响是即时性的。"下一代新古典主义学派的经济学家改良了萨伊的说法,认为新技术提高了生产率,使卖家能够以更低的单价生产出更多的产品。大量供应的低价产品拉升了自身的需求,这个过程迫使竞争者研发新技术来提高生产率,从而以比对手更低的价格赢回更多的老客户或吸引到新客户。这个循环的运转同永动机的运转机制相似。新技术和生产率提高带来的低价意味着消费者可支配的资产更多,而反过来将刺激卖家展开新一轮的竞争。

然而,以上情况也存在一个隐患:他们都是基于"市场是竞争的"这一假设。问题是,如果一个或几个卖家有能力实现"一家独大"从而消除竞争并建立垄断或寡头,那么卖家就可以使价格保持在高位,因为买家几乎没有替代方案,这种情况在交易中的商品或服务是必需品时尤为突出。此时,垄断者几乎没有必要研发新技术来提高生产率、降低售价或维持竞争力。在历史的长河中,我们已经对垄断现象司空见惯了。但从长远角度来看,新的市场参与者不断涌现,他们将带来技术突破,提高生产率,降低垄断商品或服务替代品的售价,从而动摇垄断者在市场中的地位。

现在,我们用这些资本主义经济理论的假设可以得出一个有逻辑的结论:设想一个资本主义体制,它的运行逻辑经得起任何质疑,它的竞争过程可以带来

"生产率极限"和经济学家所说的"最优公共福利"。这就像一个游戏的残局：激烈的市场竞争迫使终极技术诞生,将生产率提高到理论上的最高点,在这种情况下,每一个新产品的生产成本将接近于零。换言之,如果不考虑固定成本,则每生产一件额外产品的成本为零,这意味着产品几乎是免费的。如果这种情况发生,那么资本主义的血液就会枯竭。

零边际成本现象已经破坏了出版业、传媒业和娱乐产业的旧格局,越来越多的信息以几乎零边际成本的方式提供给数十亿受众。今天,全球超过 1/3 的人口通过手机和计算机以相对低廉的成本生产自己的信息,并通过文字、视频、音频的形式以接近零边际成本的方式在互联网世界分享。零边际成本革命的触角正在延伸到其他商业领域,例如可再生能源、3D 打印和在线高等教育。现在已经有上百万的产消者在全球范围内以接近零边际成本的方式制造绿色电力。据估计,全球将有近 10 万业余爱好者采用 3D 打印技术生产自己所需要的商品。同时,600 万学生正在参与慕课。在这三个例子中,虽然前期成本相对较高,但都有增长指数曲线,就像过去几十年将计算机运算的边际成本降低至接近于零的指数曲线一样。在未来二三十年里,各大洲和全球网络中的产消者将以近乎零边际成本的方式生产并共享绿色能源、商品和服务,并通过在线虚拟课程学习,进而将经济带入一个商品和服务都几乎免费的时代。

对于当代大多数经济学家来说,商品或服务近乎免费这一设想其实是带有一点预言色彩的。而早期的经济学家表达出来的是一种保守的热情。凯恩斯是 20 世纪备受关注的经济学家,他的经济理论至今仍在经济学中占有一席之地。在 1930 年,当数百万美国人认为 1929 年经济突然下行只是经济沉入谷底的开始时,他写了一篇题为"我们孙辈经济发展的可能性"的短文章。凯恩斯在文中提到,新科技正以前所未有的速度提高生产率并降低商品和服务的价格。同时,生产商品和提供服务的人力消耗也大幅降低。凯恩斯创造了一个新术语,他告诉读者:在未来,你会无数次听到这个词——技术性失业,意思是指由于探索节省人力劳动方法的速度超过了新岗位的生成速度而造成的失业。他还提到技术性失业在短期可能是种困扰,但长远来看它是件好事,因为"人们正在解决自己的经济问题"。凯恩斯认为,我们将很快达到一个点,在这个点上,所有的经济需求都将达到满足,人们愿意把更多的精力投入到非经济活动中去。他很期待一个新时代的到来,在这个时代中,近乎免费的商品或服务达到富余水平,人类得以从苦难和拜金主义中解脱出来,转而关注生活中的艺术,实现人性的升华。

早在 20 世纪 30 年代,兰格和凯恩斯就预见到了资本主义体制内部的分裂性特质:竞争性市场内在的创新性动力会驱动生产率的提升和边际成本的下降。经济学家一直以来都很清楚,最优效率的经济模式就是消费者只需承担所购物品的边际成本,但当编辑成本趋近于零时,消费者如果只支付边际成本,商家将无法收回其投资,而利益相关方也无法赚取满意的利润。因此,行业领袖会争取市场份额以建立垄断,这样他们就能够以高于边际成本的价格出售商品,阻碍"看不见的手"引领市场达到商品或服务近乎免费的最有效模式。这一困境就是资本主义市场模式的内在矛盾。

第二节 物联网时代的共享模式

一个强大的新技术平台正突破第二次工业革命的范畴,加剧资本主义意识形态中的核心矛盾,进而将市场模式推至末路。在物联网这个 21 世纪智能基础设施中,通信互联网将与逐渐成熟的能源互联网和物流互联网融合,造就第三次工业革命。物联网已经大幅提高了生产率,使很多商品或服务的边际成本趋近于零,商品或服务也几乎免费。其结果是企业利润开始枯竭,所有权概念淡化,经济稀缺逐渐让步于经济过剩。

物联网将把这个集成世界网络中的所有人和物连接起来。物联网平台的传感器和软件将人力、设备、自然资源、生产线、物流网络、消费习惯以及经济和社会生活中的各个方面连接起来,不断为各个节点提供实时的大数据。反过来,大数据也将接受先进的分析,转化为预测性算法并编入自动化系统,进而提高热力效率,并大幅度提高生产率,并将整个经济体内生产和分销商品或服务的边际成本降至趋近于零。

我们习惯于将资本市场和政府视为管控经济生活仅有的两种方式，以至于忽略了在这两者以外，我们在日常生活中用于传递政府和市场所不能提供的商品和服务的经济模型。共有模式在资本市场和政府出现之前就已经存在，是世界上历史最悠久的体制性自营活动。当代的共有模式是数十亿人口参与社会生活的方式。它由数百万的自营机构组成，包括慈善机构、宗教团体、艺术和文化团体、教育基金会、业余体育俱乐部、产销合作组织、信用机构、医疗机构和无数能够生成社会资产的正式和非正式机构。

传统的民主性共有模式至今仍存在于世界各地。在农村，当地的资源被集中并由村民们共同使用。关于征用、耕种、分发和资源循环利用的决定在民主的基础上由共有模式中的成员共同做出。此外，违反惯例或条约的制裁或惩罚措施会写入组织章程，使共有模式成为一种自营的经济体。在以物质为基础的农业社会中，共有模式已经被证明是比较成功的模式，因为产销的最终目的是使用而不是交换。

考虑到共有模式诞生的政治环境，它的成功就更加引人注目。大体上看，共有管理出现在封建社会，势力强大的君主剥削当地百姓，强制百姓在庄园劳作或用其生产的部分产品交税。受剥削的百姓走到一起共享劳动所得成为他们优化自有财产的仅有方式。由此得到的启示是，以民主自营形式分享共有资源的做法在封建专制体制下是有强大生命力的经济模型。

席卷欧洲大陆的圈地运动导致了封建社会的瓦解，萌生了现代市场经济和之后的资本主义体制，结束了农村的共有模式，但共享的精神仍然存在。农民把之前的经验带到了城市，在城市里，工业革命带来的工厂主扮演了和封建君主同样的剥削者角色。城市工人和新兴中产阶级同他们的农民先驱者一样，投入他们的共有资源建立了新型的自营共有模式。各类慈善机构、学校、贸易联盟、合作社和大众文化机构迅速涌现，为 19 世纪的公民社会奠定了基础。这些新型共有机构由社会资本筹资，在民主精神的指导下经营，在改善数以百万计的城市居民的福利方面扮演了重要角色。在 20 世纪，公民社会通过免税组织的形式实现了体制化，甚至部分转化为非营利组织。今天，就其纯粹的社会职能和机构分类而言，公民社会和非营利组织两个词是通用的。现在，一个新的趋势是更多使用社会共有一词。

在从封建共有过渡到社会共有的漫长岁月里,一代又一代人已经把民主自营的理念打磨成了一个精细工艺。当前,全球很多国家的社会共有都比市场经济发展要快。可由于社会共有创造的大部分是社会价值而不是金钱价值,所以经济学家往往会忽视社会共有。然而,社会经济是一股不容忽视的力量。约翰霍普金斯大学公民社会研究中心的一项针对 40 个国家的调查表明,非营利性共有组织的运营支出达到了 2.2 万亿美元。这其中包括美国、加拿大、日本、法国、比利时、澳大利亚、捷克和新西兰等 8 个国家,非营利性共有组织的生产值平均占本国 GDP 的 5%。这些国家非营利性共有组织对 GDP 的贡献普遍高于其他所有公共设施领域,与建筑业持平,接近银行、保险和金融服务业的占比。

资本主义市场在私利的基础上受功利性驱动,而社会共有受集体利益和与他人分享的精神驱动。如果说前者奉行的是产权、购者自慎和自治,那么后者推行的则是开源创新、透明度和对社区建设的追求。共有的形式之所以在当今社会比在以往任何一个历史阶段都受重视,是因为我们正在建立一个全球性的高科技平台,该平台的根本特点在于它可以优化共有模式的核心价值与运营原则,从而使这一历史悠久的体制重新焕发活力。

物联网是新兴共享模式的科技伴侣。物联网的基础设施以分散的形式配置,旨在促进协同效应,使物联网成为促进社会经济的理想技术框架。物联网的运营逻辑在于优化对等生产、全球接入和在公民社会中培养并创造社会资本的敏感程度。建立物联网平台的根本初衷在于鼓励分享型文化,这与共有模式相得益彰。物联网的这些设计特点带领社会共有走出阴影,赋予它一个高科技平台,使其成为 21 世纪决定性的经济模式。物联网让数十亿的人通过点对点方式接入社交网络,共同创造组成共享的诸多经济机会。物联网平台使每个人都成为产消者,使每项活动都变成一种合作。物联网把所有人连接到一个全球性的社区中,社会资本繁荣的规模前所未有,使得共享型经济成为可能。

物联网分散和互联的本质深化了个人参与创业的程度,该程度和个人在社会经济中协同关系的多样性和强度成正比。这是因为通信、能源和物流的民主化会使每个个体变得强大,但这要求个体必须参与到由社会资本支撑的点对点网络中。一个通过提高社会内涵来增强自主创业精神的时代即将到来。数百万人正在把经济生活的一部分从资本主义市场向全球共享转移。产消者不仅在协同共享下以近乎零边际成本的模式制造并分享自己的信息、娱乐、绿色能源、3D打印商品和大量的慕课,他们还通过社交网站、租赁商及合作社以较低或近乎零边际成本的模式共享汽车、房屋甚至衣物。越来越多的人同样以近乎零边际成本的模式在患者主导的医疗体系中协同合作以提高诊断技术,寻找解决顽疾的治疗方案。年轻的社会创业者正在创建生态敏感型企业,通过众筹资本组建新公司,甚至在新经济模式下创造另外一种新的社会货币。结果是,市场上的"交换价值"正逐渐被共享中的"共享价值"替代。当产消者在协同共享中分享自己的商品和服务时,市场经济中的交换法则与社会生活就越发不相关了。

一、能源共享

保证互联网始终作为一种全球共享开放资源,实现社会和经济利益最大化,这是一个极富难度的挑战。应确保新兴通信媒体公司对鳞次栉比的可再生能源管理得当,以及确保能源互联网对全球开放共享。所以,现在出现了一些跨地区、跨国家的能源共享网络,以此抵御来自各方面对稳固的商业利益的威胁,这些威胁绝不亚于电信和电缆公司对通信互联网的威胁。欧盟已经采取了一些措施,要求传统的电力和公用事业公司解除发电与输电之间的绑定,从而确保能源互联网的开放。由于数百万家小型能源生产企业对大型电力和公用事业公司的抱怨日益增多,解除绑定的规定应运而生,因为前者认为后者让他们很难将本地的微型电厂与主要的输电网相连。

世界上许多国家都引入了"绿色输入税制",以鼓励数百万终端用户自主绿色发电,并在能源互联网中共享,所以输电公司在慢慢失势。而越来越多的输电企业也意识到了能源产消者的存在这一新现实,并且通过改变其经营模式来适应新的能源互联网。未来,这些企业要想提高收入就要进一步做好这些工作:通过管理其客户的能源使用情况降低客户的能源需求,从而提高客户的能源使用效率和产值,以及分享一部分增长的产值。因此,其利润也将更多地来自于更有效的能源使用管理,而不是出售更多的电力。能源互联网形成初期,管理分布发电的最佳方式问题已经被提出。一种新的共享模式正在形成。

二、资源共享

在这个由资本主义市场和功利主义思想主导的世界里,人类的一切行为都被看作是自私且具有竞争性的,所以这个基于共享、公平、可持续性的合作经营模式看起来像天方夜谭。但事实上,人们已经开始通过合作的方式运营经济生活中的某些部分了。2012年被公认为联合国的"国际合作社年",但是谷歌却对其长达一年的庆祝活动讳莫如深。可能是因为这种全球性的媒体主要由极少的营利性媒体巨头控制,而只有他们才能决定什么有资格成为新闻。

事实上,全球已经有超过10亿人成为合作社成员,超过1亿人在合作社工作,这比在跨国企业工作的人还要多。世界各地的人在合作社商店中购买东西,住在由合作社建造的房子里,通过合作社融资的银行处理金融事务。在美国,30%的农产品供应是由美国3000个农民合作社经销的。欧盟有1000万间合作建房,占到了总建房数的12%。合作社银行也是经济生活的重要参与者。在德国、法国、意大利、荷兰,合作社银行占有信贷量的32%,占国内贷款的28%。

合作社曾经是中小企业维持生存的一种方式。一方面,中小企业通过集中财政资源,从上游供应商处以大额折扣采购原材料和货物;另一方面,中小企业通过共享营销、物流和分销渠道削减下游成本。在共享机制里作为非营利性企业来运营,在市场之外,这些中小企业可以降低边际成本,为其成员输送货物或提供服务,因为它们是以非营利性的商业模式运营的。如今,形式已大不相同,物联网可以为成千上万的小企业提供便利条件,但前提是这些企业有能力在生产合作社中联合起来,并能够利用由新的分布式、协同式能源结构推动的横向力量的优势。这种新经济模式可以将边际成本降低到零,从而使这些需要靠大量投资获利的私营企业面临巨大的生产挑战。

三、物流共享

虽然在世界各地道路被视为公共物品，但是我们出行以及运输物资和货物的交通方式是由公共事业和私营企业联合提供的。每天数亿人采用公共交通方式上下班，实现社会流动。凭借税收补贴，公共交通提供者提供廉价的服务。大多数商品的道路运输由私营运输公司完成。第二次工业革命中，垂直整合的大型公司依靠内部的汽车或通过其他私营运输公司外包的方式实现跨价值链存储和物资、设备、其他供应品及成品的运输。但是，单独这样做是有弊端的。尽管上述做法维持了内部的、自上而下的集中式物流和运输控制，为私营企业提供了针对生产、存储和分销渠道的强有力的控制措施，但是这种控制极大地降低了生产效率和生产力，提高了成本。

最近一项全球性研究指出，私营物流管理会通过以下几种方式导致生产效率和生产力的丧失，以及二氧化碳排放量的增加。首先，在美国，路上行驶的货车平均只有60%是满载的。全球其他地区的运输效率更低，估计在10%左右。其次，制造商、分销商和零售商往往把商品长期存储在离最终目的地很远的仓库中，导致了高运输成本。再次，因为物流效率低下，导致经销商无法及时交货，许多时效性强的产品因此卖不出去。在运输和物理基础设施薄弱、不可靠甚至崩溃的发展中国家，这些时效性强的产品的损失更为严重。第四，产品运输往往选择在迂回的而不是最快的路线上进行，在很大程度上，这是因为经销商过度服务于广大区域的中央仓库和配送中心。最后，全球物流系统由成千上万的私营运输公司组成，缺乏共同的标准和协议，从而使企业无法通过使用最新的互联网技术应用展开合作，无法提高效率和生产力并降低运营成本，进而共享物流资源。就像数字世界采纳高速公路的隐喻一样，现在物流行业应该采取分布式网络通信的开放式结构隐喻，从而改造全球物流。

第八章　融通方式的转变

融通是指资源融通和整合，它是非现场经济智慧劳动的具象表现之一，其实质是自然资源与社会资源的再分配与重组，集中表现在现实金融与虚拟金融这些资源流动的代表符号上。

第一节　互联网货币：比特币的兴起

麦克卢汉曾经预言，电子技术将使货币的概念陷入危机。21 世纪以来，计算机技术的不断发展与互联网的广泛应用，对货币在互联网领域的使用提出了新的要求。电子商务的迅速扩张，暴露了传统货币在以指数级别增长的互联网交易实现中的不足。因此，虚拟货币像雨后春笋般涌现，比如腾讯的 Q 币、网络游戏中的金币等。根据欧洲中央银行的分类，虚拟货币按照流通情况可分为封闭型、单向型以及双向型三类：封闭型虚拟货币，是指几乎和实体经济没有联系，只是用于某封闭系统的单一用途的虚拟货币，如某网络游戏里通过任务所得的金币；单向型虚拟货币，是指使用传统货币单向兑换，用于购买虚拟服务或者小部分指定实体商品，但不能兑换为现实货币的虚拟货币，例如 Q 币；双向型虚拟货币，则是指可以与传统货币发生双向汇兑关系，既可购买虚拟服务也可用来购买实体商品的虚拟货币,这类货币的典型代表即比特币。[①]

1998 年,密码学专家戴维提出了无须借助中介机构建立虚拟货币体系的最初设想,希望借以解决匿名用户之间的协议执行与货币支付问题。他给这种货币起名为 B-money。戴维认为,任何人都可以通过解决一定的网络计算问题而创造货币,每人所拥有的货币数量以及进行的支付向所有成员公开,从而既避免第三方中介机构的介入,又防止交易的重复计算。但是戴维只提供了基本思路,没有涉及具体方案。2008 年 11 月 1 日,一位化名中本聪(Satoshi Nakamoto)的计算机程序员,在 MIT 计算机系统安全组的网站上发表了一篇篇幅仅 8 页的学术论文。他根据戴维的思路,详细阐述了构建一种网络虚拟货币的设想,其内容涉及货币的创造、流通、交易的确认、隐私保护及系统安全性。不仅如此,2009 年 1 月,中本聪还创造了最初的比特币,他的这项发明是一种开源代码、点对点的数字货币。

比特币创始之初,因其创意奇特,很长时间内只在技术工程师之间以娱乐为目的进行流通,属于一种"小众货币"。有记载的第一个比特币交易发生于 2009 年 1 月 12 日,中本聪发送了 10 比特币给密码学专家哈尔·芬尼。第一次使用比特币进行实物交易也发生在 2009 年,有位名叫拉斯洛的人使用 10000 个比特币购买了两块比萨饼,当时卖主还不肯接受比特币,在第三方经纪的帮助下收了美元,而比特币由经纪商接受。

自此以后,比特币与实物的交换以这种间接模式慢慢开始,渐渐随着参与受众的增多,许多商家开始直接收比特币。据 CoinDesk 估算,目前全球大约有 60000 个商家接受比特币。在线下世界,大概有 4000 个经营场所允许使用比特币,其中食品经营场所占多数。随着比特币的被接受度的提高,一些针对主要货币的比特币交易所也陆续出现,注册用户可以全天候进行比特币和法币的线上兑换。截至 2013 年年底,根据 Blockchain Info 组织的统计,有近 14 万个网络地址参与比特币交易,交易量为每天 6 万次,而全球最大的比特币交易平台为比特币中国、Mt. Gox 和 Bitstamp,它们所占市场份额分别为 32.5%、26% 和

---

① 闵敏,柳永明.互联网货币的价值来源与货币职能——以比特币为例[J].学术月刊,2014(12):97—108.

20.7%。中国成为比特币交易增长最迅速的国家,有超过 15 家大型比特币交易平台处理比特币相关的业务。比特币交易所的出现,鼓励投资者用各国货币进行兑换。在大量投资者参与下,比特币价格一路上升,仅用了四年时间,就从最初的零点几美元,达到 2013 年 11 月 29 日的历史高峰——盘中高达 1242 美元,一度超过 1 盎司黄金,当时仅公开交易的比特币市值就高达 144 亿美元。

作为一种典型的互联网货币,比特币具有一些鲜明的特点。

第一,分散发行。与早期的虚拟货币不同,比特币最大的创新在于发行机制的分散性,其技术核心在于区块链的设计。区块类似矿山,可以提供一定数量的比特币。除创世区块之外,所有新增的比特币都要通过"挖矿"来产生。所谓"挖矿"就是解决一个数学计算问题并通过工作量证明封装新区块的过程。所有区块组成的区块链构成了比特币的公共账本,其主要作用在于收集并公开所有已证明的、合法的交易记录。公共账本是比特币的独有属性,因为它解决了重复花费和核实交易的可信度等问题。现实中大约十分钟就有一个新区块被封装并全网记录,而系统亦会自动增加难度与不断增长的全网算力相适应,以保持封装时间大致稳定。任何个人或机构只要拥有相应的计算设备,就可以通过上述方式参与比特币的创造过程成为"矿工"。为"矿工"们提供接入服务的网络节点分布于世界各地,最高时的节点数高达 30 万个之巨,可以支撑数百万个"矿工"同时进行挖矿。这一机制保证了比特币供应具有充分的分散性,使比特币的创造不需要任何组织或机构的权威就可自动进行。

第二,总量固定。比特币的发行速率根据全网算力进行自动调节和规范。每个 1－210000 区号的区块被创建时发行 50 枚比特币,之后 210000 个区块产生 25 枚比特币,之后再减半,以此类推。可以算出,开始 4 年,全球每 10 分钟发行 50 个比特币,以后发行速率每 4 年递减一半。比特币可以细分到小数点后 8 位,即 10^{-8},最小的比特币单位被命名为"聪",以纪念其创始人中本聪。而每 4 年 1 个半衰期,在经历 33 个半衰期后,每区块的挖矿产出将为 0.58 聪,小于最小单位 1 聪。比特币这种总量固定、增量递减的算法设计,构建出了一个稀缺性的供求机制,但这并不意味着它是一种通缩货币。若以聪为最小记账单位,则比特币的总量为 $2.1×10^{15}$ 聪,即 2100 万亿,约为目前美元发行量的 174 倍,若 1

聪比特币的价值等于 1 美元,则其可作媒介的商品交换约为现有全球 GDP 的 3 倍。因为比特币没有物理形态限制,交易需求增长可以通过比特币升值满足需要,在可预见的将来,比特币并不必然是一种"通缩货币"。

第三,匿名交易。比特币没有现金形态,它的存在形式类似交易流水,而每个用户共享所有合法交易记录。每笔交易记录都是公开的,但交易的主体是匿名的。每笔交易记录都包含上笔交易的数字签名,以及下一个持有者的公钥的数字签名,附加在记录的末尾,即实现交易的记录和支付。比特币交易通过比特币钱包进行,比特币钱包是随机生成的一对非对称加密密钥中的公钥,而其对应的私钥即钱包的私人密码。公钥相当于账号,私钥相当于密码。如果知道某人的钱包公钥,就可使用自己的私钥结合对方的公钥向其支付比特币。该系统中,私钥最重要,一旦丢失就彻底失去这个钱包里的所有比特币。交易过程中,付款人向全网公布其支付一定数额给某个地址,比特币系统首先验证支付方的钱包是否数额充足,如果符合规定,即确认这笔交易可被支付。为匿名需要,该公钥地址用后即失效,支付后多余的比特币被储存到新钱包地址,类似接受找零。付款人把用私钥签名后的交易信息向全网广播,如果该交易符合比特币协议,则会自动进入比特币的"公共账本",形成所谓的区块(block)数据。交易是否成功,需要系统加以确认,确认交易的过程就是"挖矿"的过程。因此,比特币的交易基于一种密码学协议,每次交易消费者都有全新独有的身份 ID,用毕即失效。虽然每笔比特币的交易流水都显示在区块链上,所有用户都可以看到,但是用户真实信息并未泄漏。

比特币的出现使现行国际货币概念陷入危机,启动了挑战电子货币发行机制的战车,它将电子货币的发行改革和实际应用都推上了顶峰。非现场经济的无疆界金融资本利益之争,逐步演变成了跨区域的强势电子货币之争。

"金本位"体系瓦解后的国际货币发行机制,再次受到了非现场经济无疆界流通与无疆界发行的新考验。

第二节　P2P信贷

P2P(personal to personal)信贷,发端于2005年的英国,是一种全新的信贷模式。中文翻译为"个人对个人"信贷、"点对点"信贷,官方称之为"人人贷"。简单地说,就是拥有资金并且有理财投资意愿的个人,通过中介机构牵线搭桥,使用信用贷款的方式将资金贷给其他有借款需求的人。P2P信贷的起源有两种说法,一种说法认为是受了2006年诺贝尔和平奖得主尤努斯教授"乡村银行"模式的启发;另一种说法认为这是一种个人互助信贷模式,是在北美华人社会"标会""合会"的发展中逐渐产生的,初衷是亲戚、朋友或社会团体之间通过小额信贷来解决资金融通问题。

P2P信贷的主要特征包括:(1)对象平民化。P2P信贷主要针对那些信用良好但缺少资金的大学生、工薪阶层和微小企业主等,帮助他们实现培训、家电购买、装修和兼职创业等理想。这一特点也直接决定了P2P信贷的数额相对较小,一般不针对大企业和数额较大的借款人,不涉足热点投资领域,有人称其为"微型"金融。(2)方式网络化。由于时间和空间成本的限制,P2P信贷的借方和贷方不可能面对面进行商谈,所有的借贷行为依靠中介平台,其联络的桥梁则是网络,因此,P2P信贷被直接称为"网络信贷"。(3)借贷便利化。P2P信贷的借款人一般不用提供额外的抵押担保,全凭个人信用进行贷款,借贷相对简单便捷,个人信用情况由中介公司进行把关审核,现阶段主要依靠的是人民银行的征信系统。根据中介公司提供的借款人的资信情况,出借人可以对借款人的还款能力进行评估和选择,信用级别高的借款人将得到优先满足,其得到的贷款利率也可能更加优惠。(4)直接透明化。P2P信贷的出借人与借款人直接签署个人间的借贷合同,一对一地互相了解对方的身份信息、信用信息,出借人及时获知借款人的还款进度和生活状况的改善,最真切、直观地体验到自己为他人创造的价值。(5)准入低端化。P2P信贷被称作"人人贷",其准入条件非常宽松,有几千甚至仅仅几百元的资金或者需求就可以通过网络进行借贷。P2P 借贷使每个人都可以成为信用的传播者和使用者,信用交易可以很便捷地进行,每个人都能很轻松地参与进来,所以 P2P 信贷也被称为"草根"金融。[①]

P2P 信贷的主要作用是利用互联网的技术便利和成本优势,实现金融脱媒。其运作核心是具有资金出借意愿以及贷款需求的个人或企业,将信息发布在第三方网络平台上自行配对。目前国外比较著名的 P2P 网络借贷平台主要有美国的 ProsPer、Lending Club,英国的 ZoPa,德国的 Auxmoney,日本的 Aqush,韩国的 PoPfunding,西班牙的 Comunitae,冰岛的 UPPsPretta,巴西的 FairPlace,等等。我国的 P2P 信贷公司起步于 2007 年,几乎与世界同步。到 2012 年 12 月底,全国 P2P 信贷公司已经超过 300 家,行业成交量约 200 亿元。这些公司大多分布在广东、浙江、上海和北京,它们在借鉴外国经验的同时,在其发展过程中也具有了自身的地方色彩。

第三节　众筹融资

众筹(crowdfunding)一词起源于众包(crowdsourcing),它可以被看成是众包和无抵押的小额捐助等微型金融的结合。所谓众包是指企业在生产或销售产品时将某一具体任务通过网络以公开的方式外包给大众。众包的核心理念在于"用集体的智慧或理念来创造效率"[②]。众包可以采用合作的形式,也可以由单人完成,但其前提条件是公开的方式以及大量的网络潜在劳动力。众筹是 2009 年出现的网络商业模式,是一种科技融资创新,具体是指一群人通过互联网为某一项目或某一创意提供资金支持,从而取代诸如银行、风投、天使投资这类公认的融资实体或个人。其基本模式是由项目发起者在网站上展示项目,投资者则

---

① 钮明."草根"金融 P2P 信贷模式探究[J].金融理论与实践,2012(2):58-61.

② Belleflamme P, Lambert T, Schwienbacher A. Crowdfunding: Tapping the right crowd [J]. *Corporate Finance*, 2011.

根据相关信息对投资项目进行选择。众筹的快速发展使互联网金融具有了传统投资银行 VC/PE 的融资功能。随后,出现了针对较大项目的专业众筹平台,尤其是股权众筹平台。其对有潜力的创业公司开展股权投资,为金融业带来了突破性的商业模式创新。①

近三年,众筹融资的发展速度是值得肯定的。无论是众筹网站数量抑或是筹资数额都得到较快增长。据行业网站 Crowdsourcing.org 的报告显示,2011年,全球众筹网站数量超过 450 个,募集资金总额 14.7 亿美元。2012 年,众筹网站数量超过 700 个,募资达 26.6 亿美元。2013 年,在线众筹平台已经超过了2000 个。另据美国市场研究公司 Massolution 估算,2013 年全球众筹网站募资总金额突破 51 亿美元,成功融资的项目突破 100 万个。截至 2014 年 3 月,Kickstarter 自成立以来不到 5 年的时间里共筹集资金高达 10 亿美元。其中2013 年,Kickstarter 就为近 2 万个项目筹措了 4.8 亿美元资金,较 2012 年支持项目和提供资金分别增长 11.1% 和 50%。

众筹融资在国外成功的示范效应促使国内同类型网站相继涌现。目前,国内正常运营的众筹网站已达 30 余家。其中,以 2011 年 7 月上线的点名时间和2013 年 2 月上线的众筹网最为著名。截至 2012 年年底,点名时间通过审核上线的项目就有 400 多个,筹集资金约 400 万元。2013 年,点名时间两个最轰动的项目"十万个冷笑话"和"大鱼·海棠"的单个募资均在 100 万元以上。众筹网作为后来者,凭借"那英演唱会""快男电影"等名人项目迅速抢占眼球,联合长安保险推出的"爱情保险"项目筹资更是超过 600 万元,创国内最高筹资记录。②

相对于传统金融模式,众筹融资具有的特点包括:首先,相对传统融资模式,众筹融资的核心理念体现在有众多的投资者。利用无边界的互联网平台,数量庞大的投资者能够在短时间内聚集,而相应的,每位投资者的投资额度可以很低,融资风险因为投资者分散得以减小。其次,众筹融资的低门槛进入,不仅颠覆了传统的投资理财观念,更重要的是有利于缓解小微企业融资难和小额民间资本投资渠道少的矛盾现象。最后,众筹融资的去中介化融资模式符合投资者

---

① 李雪静.众筹融资模式的发展探析[J].上海金融学院学报,2013(6):73—79.

② 刘志坚,吴珂.众筹融资起源、发展与前瞻[J].海南金融,2014(6):77—81.

对资金高回报和企业对融资低成本的要求,是金融脱媒的又一新发展方向。此外,众筹融资还提供优秀的营销平台。项目发起人可以透过项目受投资者关注程度(如项目投资人数)来判断所推产品或服务是否存在市场和定价是否合理。投资者现金支持行为决定了偏好的真实性和客观性要高于调研结果。而众筹融资属平民投资范畴,加之众筹项目的创新性、吸引力或者能满足投资者某方面(或多方面)的个性化需求,相对于天使投资和风险投资将引起更多社会关注,很容易产生爆发式的广告效应。

众筹融资大致可分为捐赠众筹、回报众筹、债权众筹和股权众筹四种类型。捐赠众筹是指在筹资过程中投资者不获得任何实质性的补偿,捐赠众筹主要适用于红十字会等非政府组织(NGO)对特定项目募捐或提供戴帽贷款。由于NGO发起的特定项目款项具体用途明确且具有社会公益性,并在项目运作中保持较高的透明度,出资人往往更愿意捐赠。捐赠众筹所涉及的项目一般金额相对较小。回报众筹是一种基于预购和奖励的筹资方式。这也是国内目前最为流行的众筹类型。预购众筹是指项目发起人通过在线发布拟推出产品或服务信息,并辅助以优惠价格,对此产生兴趣的投资者可以选择支付购买,从而完成项目融资。这在一定程度上能够替代传统的市场调研,并直接进行需求的有效分析。奖励众筹与预购众筹的不同之处在于项目发起人不向投资者提供增值产品或服务,通常是以象征性奖励作为回报,如印有 LOGO 的文化衫、VIP 资格,等等。奖励众筹主要应用于电影和音乐等创意项目的融资。债权众筹是指项目发起人通过众筹平台承诺在约定时间内对若干投资者偿还其出资金额的筹资方式。众筹网站在当中主要发挥借款中介作用,但也有网站提供还款担保。债权众筹与 P2P 网贷不同,P2P 网贷强调的是资金需求者和资金供给者的自动撮合,投资额大小不一,而债权众筹中每位投资者投资额均等,相对弱化了风险。股权众筹是指项目发起人以出让股权的方式换取投资者出资。股权众筹中项目发起人通常为初创企业,而众筹网站则充当类似证券交易一级市场角色,投资者获得股权回报,与项目发起人共担风险,共享收益。

第九章　非现场经济意识的应用

第一节　非现场经济指数

前面我们提出了"非现场经济学"的概念,进行了"非现场经济学"的基本概念、部分特性分析,现在让我们为非现场经济的实际应用做些研究。为了推进非现场经济研究的实际作用,推动智慧劳动快速占据经济的主导地位,引起全社会对非现场经济现象研究的重视,也为了营造智慧共享体系的氛围和为国家在新时代下的经济决策提供一个新的参考数据,我们设计了一个反映社会非现场经济进程的指标——"非现场经济指数"概念。

我们通过对前面内容的分析与讨论,知道了智慧劳动在非现场经济的生产环节与服务环节上,通过非现场经济的三要素联动平衡,共同创造了非现场经济的发展环境和应用内容。

我们可以用表 9-1 来表述智慧劳动对各产品生产的支撑和应用。

表 9-1　智慧劳动对产品生产的支撑和应用

生产环节				服务环节	
传统产品生产	信息产品生产	文化产品生产	数字形态产品生产	低成本的便捷性服务	安全的增值性服务

这种非现场经济活动所反映出来的"支撑与应用",需要通过一个可量化的指标来反映智慧劳动在我们实际生活中的作用程度,从而进一步反映智慧劳动主导社会经济的程度。因为它从另一个方面也反映了资本主导经济弱化的程度,决定了我们社会经济结构转变的实际进程,它是我们平民新的希望所在。

非现场经济指数是指非现场经济的综合指数,是反映劳动自由度和智慧劳动贡献值的指标。它通过对人们实际劳动时间与生活时间的融合程度,即劳动者在固定场所的固定劳动时间解放程度的分析,反映了智慧劳动主导经济作用大小的综合指数。我们简称它为"FXC 指数"。

FXC 是非现场经济中"非现场"三字的汉语拼音(fei xian chang)的缩写。FXC 指数计划由下列主要采集内容组成:

(1)非现场交易在整个社会交易总额中的占比:我们可以通过采集中国银联、超级网银和其他主要的第三方支付机构发布的信息来组合、比对、分析并得出。

(2)完全非固定场所劳动者占总人口的比例:

a. 对政府机关和事业单位工作直接从业人数的下降,我们可以通过非现场工作使部分原政府机关或事业单位的工作放权给行业协会或委托、外包给社会服务的统计数变化得来。

b. 对非生产型产业劳动者固定场所劳动时间的平均减小值,我们可以采取定期网络调查的方式获取相关统计数据。

c. 对生产型产业劳动者实际固定场所劳动时间的平均减少,我们可以通过选取部分大中型企业跟踪统计其绝对缩短工作时间,以及管理人员、辅助人员非现场劳动量的摊销的途径来实现。

(3)实际失业人数统计:这个环节比较困难,实际失业人数是反映固定劳动场所的丧失人群向非现场劳动转变的转化率,这其中我们也应考虑到退休人员中非政府退休金在其整个收入中的占比已经超过 50% 的那部分人群。

(4)科技性企业上市数目增减幅度:科技性企业的数目变化通常会在一个侧面反映出非现场经济的技术支撑的基本情况。我们可以通过上市公司中科技公司占比的变化来得到该数据。

（5）非现场经济综合影响力：由陀螺现象分析工具动力贡献值得出。

即：2008FXC＝假设前提＋加权＋动力贡献值。假设 2008 年下半年情况如表 9-2 所示。

表 9-2　2008 年下半年 FXC 情况

		实际	加权	加权后
（1）	非现场交易在整个社会交易总额中的占比	5％	1	5.00％
（2）	非固定场所劳动者占总人口的比例			5.33％
A	政府机关和事业型工作直接从业人数下降	2％	4	8.00％
B	非生产型产业劳动者固定场所劳动时间的平均减小	4％	1	4.00％
C	生产型产业劳动者实际固定场所劳动时间的平均减少	2％	2	4.00％
（3）	实际失业人数统计变化	5％	1	5.00％
（4）	科技型企业上市数目的增减幅度	3％	2	6.00％
（5）	RFGX	42.4％	10％	4.24％
（6）	FCD	71.5％	10％	7.15％
合计				32.72％
FXC			合计/6	5.45％

注：RFGX 和 FCD 参数由我们设想的陀螺现象分析工具导出,详细过程参见下节内容。

2008 年下半年 FXC 指数为：5.45％。

FXC 指数作用不是数值本身的意义，而是通过不同时段的 FXC 的变化值（ΔFXC）来反映非现场经济的发展走势，以及非现场经济在整个社会经济体中的渗透程度。

我们再假设 2010 年上半年的情况，如果 2010 年数据中的（1）～（4）项比 2008 下半年各上涨了 1％，那么，2010 年上半年的 FXC 是：2010FXC＝假设前提＋加权＋动力贡献值，如表 9-3 所示。

表 9-3　2010 年上半年 FXC 情况

		实际	加权	加权后
（1）	非现场交易在整个社会交易总额中的占比	6％	1	6.00％
（2）	非固定场所劳动者占总人口的比例			7.67％
A	政府机关和事业型工作直接从业人数下降	3％	4	12.00％
B	非生产型产业劳动者固定场所劳动时间的平均减小	5％	1	5.00％

续表

C	生产型产业劳动者实际固定场所劳动时间的平均减少	3％	2	6.00％
（3）	实际失业人数统计变化	6％	1	6.00％
（4）	科技型企业上市数目的增减幅度	4％	2	8.00％
		实际	加权	加权后
（5）	RFGX	66.0％	10％	6.65％
（6）	FCD	84.5％	10％	8.45％
合计				42.77％
FXC			合计/5	7.13％

2010年上半年FXC指数为7.13％,也就是说,从2008年上半年至2010年上半年的这两年里,非现场指数上涨了1.68％（ΔFXC）。

这里要特别说明的是,上述的各项数据并不真实准确,仅仅只是为了阐述FXC的设计构思。

在实际应用时,需要重新完善内容并进行大量真实的社会数据调查统计,这不是某个人或某个小组可以完成的,需要公权力的介入。

非现场经济指数在一定程度上体现出某个时段、某个环境下的智慧经济的发展程度,非现场经济的变化值也反映了智慧劳动主导经济的程度。FXC指数是智慧经济发展的指标,是衡量劳动者再解放程度的一个指标。由于劳动者的解放程度最终均将以各种不同的方式影响着或呈现在我们的各种经济现象里,因此FXC将成为我们今后经济分析的一个十分重要的新指标和新工具。

首先,它直接反映了非现场经济的占比贡献力。这种贡献力以非现场经济在整个国民经济中的占比来体现,占比越大说明单位时间的产出率越高,劳动者再解放的程度越大。其次,FXC是"幸福生活"的可量化指标。这种劳动者的再解放,使劳动者自由主张的程度增大,从而使劳动者整体品质生活指数也随之提升。再次,FXC反映了经济结构的变化。通过FXC的变化,我们可以知道智慧经济在GDP中的贡献变化,不仅能反映新GDP的增长原因（创造财富的总量加快）,也能反映出经济结构的良性转变的程度,从而弥补单GDP指标对经济结构的合理性程度反映的不足。第四,FXC能比较真实地反映出失业率。失业率统计不再只停留在以固定劳动场所的丧失为唯一标准,通过FXC指标能更正确地反映"充分就业"理论的合理性。最后,FXC指标还能揭示智慧时代里各种新经济现象、新社会矛盾的产生原因。这个指标既是品质生活的晴雨表,也是我们数字鸿沟放大的时刻表。也就是在智慧时代里,我们不仅享受到了科技给人们带来的品质生活的幸福,也将承担起科技在某些方面给人们带来的痛苦。也许几十年、上百年后,当这种平民的新希望和新痛苦的平衡再次被打破时,社会形态和社会经济的变革也将再次到来。

从FXC指数组成项目和数据变化的可能上,我们可以看出,如今社会力量朝什么方向推动,相关政策制定也应朝什么方向倾斜。这个总方向就是:推动智慧共享体系的建立,加速智慧劳动主导经济的进程,实现我国经济结构的成功转变。结合当今全球经济的运行环境和发展趋势,我国经济结构转变是否成功的标志是:智慧劳动与资本共同主导这个社会经济的分配比。因此,非现场经济的系列指标也是新时代我们的财政政策、货币政策(包括可能出现的全新电子货币的发行机制)和投资政策决策的重要依据,这些指标也应该成为中国政府实现三个转变程度的测试性指标,建议政府部门有偿地委托某个民间机构来完善和实施这个具有新时代意义的指数概念。

第二节　非现场经济与企业管理

企业管理(business management),是对企业在生产经营活动中实施计划、组织、指挥、协调和控制等一系列职能的总称,企业管理的内容包括了企业发展过程的全部工作内容。企业管理是社会化大生产发展的客观要求和必然产物,是由人们在从事交换过程中的共同劳动所引起的。在社会生产发展的一定阶段,一切规模较大的共同劳动都或多或少地需要进行指挥,以协调个人的活动;通过对整个劳动过程的监督和调节,使单个劳动服从生产总体的要求,以保证整个劳动过程按人们预定的目标正常进行。企业管理具有时代性,尤其是在科学技术高度发达、产品日新月异、市场瞬息万变的现代社会中,企业管理的适时性就显得尤为重要。

现行的企业管理思维基本属于工业革命质能经济的市场经济体系。可是，市场经济导致了现实的分配法则，使全世界 20％ 的人拥有这个国家 80％ 的财富，80％ 的人在为 20％ 的人实现梦想。伴随着"放大的数字鸿沟"，这种财富差距还将被拉大，越来越多的人将陷入相对贫困化的境地。现时的竞争环境中，人们总想保持竞争优势，苦苦地坚守自己已经占有一定份额的优势领地。但在速度经济的时代里，无论个人和企业的发展过程，都像是逆水行舟，不进则退。我们均需要重新审视一下我们目前所从事的

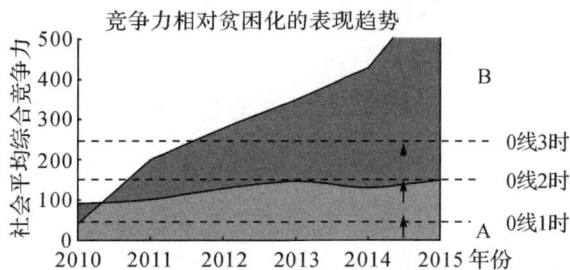

图 9-1　竞争力走势图

工作或事业是否能让自我或服务的单位进入 20％ 的富翁行列。即使你已经站在了 20％ 的行列中，同样也将面临持续的维系问题的困扰。我们需要注意非现场经济里一个突出的现象：你可以用传统手法保持你的竞争力稳步地提升，可能每年的提升幅度可以达到 10％～20％；可是此时，也许由于采用了最新的非现场经济手段，我们的竞争对手们每年的竞争力提升的幅度可能已经达到 100％ 甚至 1000％ 了。从图 9-1 中我们可以看出，当竞争力差距拉大时，社会平均综合竞争力水平也会提升（0 线上移走势）。由于平均竞争力水平线在不断上移，一定时间后，当平均竞争力超过你的实际竞争力水平（虽然你还是保持小幅上涨），你的竞争力动态优势将会丧失。此时，你很有可能面临被市场退出机制自动清出场的威胁。因此，在已经到来的资本与智慧劳动共同主导的市场竞争机制里，对竞争力保持再认识显得尤为重要。

企业管理就是为了高效地实现目标，永远争取利益最大化。而持续保持企业竞争力对比度的高位运行是企业利益最大化的关键。国外经济分析家的一些资料表明，增加一个劳动力可获得 1：1.5 的经济效果；增加一个工程技术人员可获得 1：2.5 的经济效果；增加一个好的管理人员可获得 1：6 的经济效果。由于人们的思维习惯通常是以自我的进步为参照物，而不是以对手或环境的发

展为参照物，因此，这种被相对弱化的认识，在日常工作中往往容易被忽视。犹如两个人同处在步行的起点开始竞争，此时的平均竞争力线为步行线；一年后第一个人进步到骑自行车参与竞争，而另一个人跨越了自行车、摩托车，快速发展到开着汽车去奋斗，此时的平均竞争力线应该是摩托车，可是我们的第一位竞争者虽然得到了进步，竞争力差距却被拉大，还从平均竞争力线水平掉到了新的平均竞争力线以下，造成了隐性倒退的事实。

运动是绝对的，静止是相对的，时代是发展的。企业竞争力对比发展也是动态的发展，如今我们已经站在了非现场经济的起跑线上，自己的企业管理思维还能继续停留在以质能经济为主导的大工业革命的思维惯性中吗？答案是明确的。显然在智慧时代到来的今天，我们还得加上一条：现代的企业管理必须掌握非现场经济学原理，与时俱进地运用各种新技术手段并使管理人员接入到智慧共享体系之中，这样至少可获得 1∶12 以上的经济效果。可是，我们也别忘了智慧经济时代存在着企业竞争力相对弱化的趋势。企业管理在激烈的竞争环境中，一定要看清被放大了的数字鸿沟现象，它直接表现为相对贫困化和竞争力相对弱化趋势的急剧拉大。隐形倒退的现象在智慧共享的非现场经济时代里，将会变得越来越快和越来越普遍。显性的倒退往往会刺痛竞争者，甚至激发出革命性的动力。隐性的倒退则往往不会刺痛竞争者，反而会成为其自我安慰的道具。这种隐性倒退的最大危害是"神经麻痹"，竞争者会被自我的小进步所麻痹了。新形势下，我们的企业管理者务必清醒地认识到这点。企业竞争力相对贫困化的趋势要求我们：关注企业差异化的竞争力提升，正确运用非现场经济的智慧共享体系，提升新时代的企业文化和差异竞争工具，持续实现不同时代的企业管理最终目标。

非现场经济文明时代的新社群组成方式决定了社群需求的变化，这将直接导致社群生活、工作习性的变迁和产品需求的改变。我们的企业结构管理、产品管理、渠道管理等管理方式与管理边界也必定顺势而动。非现场经济会延伸到每一个企业的命脉，科学技术和经营环境急剧变化，成长的可持续性已经成为现代企业管理面临的重要课题。计算机、现代通信技术及智能工具的普及应用，倒逼管理思想与管理环境的变革。人们的思维随之产生了颠覆性的变化，这要求企业管理不断创新从而跟上时代的步伐，也需要优秀的管理者拥有前瞻性的目光从而制定可持续的非现场经济的企业管理方针,以及对各行各业的传统企业从产品、技术、服务等方方面面进行反思并寻求转型。但在这整个过程中,往往最容易被忽视的是企业管理制度的革新,旧的管理制度一定无法跟上非现场经济时代的步伐。必须建立非现场经济意识,主动掌握非现场经济新社群结构的特征和积极运用先进的智慧工具,并重新审视传统企业管理,时刻保持与时俱进的脚步,才不会被非现场经济淘汰。新历史阶段的公司管理理念必须从非现场经济智慧劳动借助智慧共享体系这一社会经济的基本特征出发,即一切根据非现场经济社群的结构组成、活动方式、需求特性等变化而变化,不断实践与调整非现场经济模式,引领质能经济创新升级。企业管理者必须认清时代发展趋势,确立非现场经济意识,主动摆脱工业革命思维的惯性和狭隘互联网思维的束缚,从时代的本质特性上赋予企业管理新的灵魂,实现企业管理理论和实践在非现场经济环境里的成功转型,真正成为非现场经济社群里的产品与服务的提供者。

第三节　非现场经济与公共管理

　　所谓管理,是指组织中的管理者,通过实施计划、组织、人员配备、领导、控制等职能来协调他人的活动,是他人同自己一起实现既定目标的活动过程。管理学也称系统管理学,涉及行为科学、系统工程、全面关系流管理等理论,其中决策论(Decision Theory)、博弈论(Game Theory)和运筹学(Operations Research)在社会经济与企业管理、军事战略等领域具有广泛的用途。公共管理学是系统管理学中的一个分支,公共管理则是以政府为核心的公共部门整合社会的各种力量,广泛运用政治的、经济的、管理的、法律的方法,强化政府的治理能力,提升政府绩效和公共服务品质,从而实现公共的福利与公共利益。这种集体性的社会公共管理行为,随着信息时代、全球经济的一体化和大众参与的深入,逐步集中到了对社会变革的引导和社会协作的管理上来了,反映出跨疆域的集体利益至上的总原则。经济学的思维方式有助于我们认识法律和政策的后果,从而避免制订出"事与愿违"的公共政策;也有助于人们看清隐藏在公共利益背后的私利动机,从而减少公共政策被利益集团绑架的可能性。在现实社会中,当一些人希望政府控制价格的时候,他们的真实意图是少支付一些费用而获得同样的东西,并不是为了真正的公共利益。类似的,当一些人主张政府限制某些行业的准入的时候,他们的真实意图是保护自己的垄断地位,而非维护新时代下的新市场秩序。以"城市两难"现象举例,我们不能简单地采用限制出行的方式来应对"城市两难"问题,只满足一部分群体的利益要求。因为,任何限制性措施均属于过渡性的临时措施,它违反了人类社会发展的基本原则——便捷与轻松,公共决策权衡的应该是长远性的整体公共利益。非现场生活和非现场工作占比的提升,直接体现人们在固定时间向固定场所流量的减少,从而缓解了高峰时间在大都市区域间路面出行的压力。这是从源头来抑制都市现象中"城市两难"恶化的趋势,它不仅降低了人们生活、办公或交易的成本,也是应对这对日益恶化的矛盾的良好方法。运用与时俱进的非现场经济思维模式来指导公共管理行为是现实的需要,更是新时代的必须。

经济学是一门研究理性决策的科学,它对指导公共决策的制定很有价值。这是因为,公共决策的制定是一个政治过程,人们对公共政策的不同看法,既可能源于认识水平,也可能出于对自身利益的考量。就认识而言,不仅取决于立法者和政府官员对相关问题的认识,也依赖于普通大众的认识,这在民主化的社会尤其如此。亚当·斯密曾指出,在任何政治社会中,下层阶段都占最大部分,但大部分成员陷于贫困悲惨状态的社会,绝不能说是繁荣、公正、幸福的社会。因此,为人民服务就是为绝大多数人的利益服务,让绝大多数人远离贫困悲惨的社会状态。公共管理行为也就顺理成章地要以社会共赢(至少是多数人共赢)为最终目标了。公共管理的主体不应该局限于政府,而且还应包括居于特殊地位的执政党,国家机构和各种非政府、非营利性的民间组织、公共组织亦即第三部门,这些都是化解公共管理的主体成本,提高公共管理效率的途径。我们知道,公共管理行为是决策权衡下的行为,这种权衡是自由与公权力的平衡,是一种动态平衡。特别是在战争、自然灾害、突发性事件、金融灾害、公众整体利益受损等情形下，决策权衡显得尤为重要。

通常这种决策平衡涉及自由与公权力的平衡、正确与错误的平衡。这两个平衡都涉及公众的集体利益和公众的参与度。在信息经济不发达的社会环境下，广大民众往往只采取两条途径来实现这种动态平衡：期盼明君和多数人参与。期盼明君，主要表现在平民无奈的社会心态里，明显带有赌博性，他们将赌注压在了明君身上，与命运对赌。随着社会的进步，人们越来越放弃对赌形式而采用多数人参与的模式，于是就出现了西方式民主模式，也就是，多数人使用选举权选择他们心目中的明君，再配以适当的制度约束。多数人参与，主要表现在西方式民主社会形态里，参与途径也往往只能是通过选举权来推举领导个人或集体领导阶层，多数人还是无法直接参与公共管理的决策权衡。且这种模式还由于各民族有着自己不同的文化基础，容易造成水土不服的现象。

深入观察，我们会发现，实际是参与成本和参与速度成了多数人参与公共管理的决策权衡的瓶颈。在工业社会及工业社会以前，百姓承担不起过于频繁的参政支出，政府也无法支付庞大的、频繁的全民参与权衡的成本，加之陈旧的信息传输渠道造成的传递速率的局限，使得公众不得不放弃决策权衡的参与权，而成为决策的旁观者和结果的被动承受者。于是，新的问题也产生了：怎样才能降低公众参与社会公共管理权衡的成本，使多数人能真正参与公共管理的决策权衡呢？我们暂时抛开"意识形态"的困扰，仅就公共管理的管理手段和管理工具作个简单的探讨。

随着信息经济的发展、非现场经济时代的到来，这种参与成本和参与速度所造成的瓶颈将得到极大的缓解。智慧共享平台为我们提供了一个全民的低成本、高速率的可参与决策工具，非现场活动现象的发展更使我们的民众在不受时空干扰的情形下，以极低的成本（几乎可忽略不计）瞬间地做出即时性的判断，并将这种自我判断瞬间传递到决策汇总平台，最终导致了综合的权衡政策的出台。因此，我们可以说，通过智慧共享体系，非现场经济现象的影响和作用远远超出了经济领域，而扩大到政治、民主和文化等所有领域。智能化活动的文化性、科技性和便捷性决定了非现场经济的渗透力，传播速度极快，力量超强，且包含了"权衡"所必需的各要素——参与性、社会责任、经济思维、信息畅通、平等公平、其直接的表现结果是，导致了高效、低成本与大众的主动参与。我们也可以将之表述为，非现场经济现象极大地推动了公共管理和公共权衡"高效低成本的大众参与"进程，提升了我们公共管理和公共权衡的全民性参与指数，这就是非现场民主。

这种高效、低成本使得非现场方式成了公共权衡最有效的工具，直接影响到公共管理核心价值的实现程度，成了社会公共管理的最佳道具。"通过高效率地追求公共利益来为人民服务"也就成了公共管理的核心价值观。公共管理主体的多元化趋势是提高效率、化解成本的有效途径之一。这里既涉及公共管理的方式问题，也涉及管理工具的成本化解问题（含人因素的化解和非人因素的化解）。与此同时，我们还必须注意到"放大的数字鸿沟"现象，照顾到社会弱势群体的民主权利，"放大的数字鸿沟"对社会弱势群体的政治参与和精神生活产生了极其不利的影响。由于弱势群体拥有的智慧技术和智慧工具有限，他们很难享受电子政务带来的便利，也很难运用先进的智慧工具参与民主政治生活。因此，我们在非现场经济时代里，在公共管理活动中，也应更加警惕"文化鸿沟"和"民主鸿沟"的再扩大现象的可能。在已经可能的多数人参与之时，不要忽视了尚存的小部分弱势群体。在非现场经济时代里，由于无疆界快速传播分发的特性，使得大众正向参与、反向参与的威力效应均等。因此，在非现场经济时代，面对新时代的新社群公共管理，决策权衡的执行力与传播效应均被放大，自由的市场机制开始向公共管理者的主动式正向人为干预倾斜，此时的公权力将成为市场机制的负责者。这里的主动式正向干预是指，要求公权力只能适度干预，且必须是即时地、盯盘式地调整干预度。这也就要求公权力的决策权衡更具准确性和即时性，既要求公权力人为干预的适度作为，也反对公权力人为干预的不作为和滥作为。因为，第三文明时代的智慧共享体系与全球一体化，以及自媒体的极速传播特性，使得这种公权力人为干预的不作为和滥作为的实际结果承担者不仅仅是公权力机构本身，还会以意想不到的速度瞬间传导到全体人民——可能不再是一国人民，而是全球人民。

第四节　非现场经济与就业

　　机会均等不代表财富分配的均等，非现场经济时代的社会提供了一个平等获取社会财富的机会，但并不代表就可以实现直接的财富分配平均化。非现场经济时代的社会财富分配还将按一定的规则来逐步实现，只是这种规则与以往不同，极大地提升了全民机会均等的程度。因此，我们应当了解掌握现在的市场经济游戏规则，同时还需洞察未来可能产生的规则变化。非现场经济及其相关领域的其他新概念的提出，并非仅仅为了几个字面上的差异化表述，而是试图从中发现和找出新时代下的社会经济发展趋势，特别是其中的社会财富再分配规则的演变方向。回顾整个人类社会经济的发展史，我们不难发现人类社会经济发展的轴心始终是紧紧地围绕在"社会财富的创造和社会财富的分配"上。理论上讲，社会财富创造在前，社会财富分配在后，只有创造出了社会财富才有可分配的对象。我们知道社会发展的原始驱动力是人类的生存需求，而财富是生存需求的首要表现形式，人类社会对生存需求的追求也就主要表现在对财富的追求上。在现实社会生活中，平民的思维非常朴素。他（她）们的忙碌，为的就是经济来源，有了经济来源生活就有保障。不论是传统的种地、打工，还是个体经济、网络销售、投资理财，或接受教育和直接接受物资资助，仅仅是生财方式不同罢了。此时的生财方式就是社会财富的分配方式，就是生存权的获得。生存发展权是人类社会最基本的人权，也是人们追求财富的最原始的出发点，理论上讲，社会关系的基础也将建立在社会财富公平分配的基础上。

　　前面我们分析了智慧经济时代，在非现场经济环境下劳动形态的变化，以及我们的平民将借助于非现场经济的共享体系和新游戏规则的建立而获取社会财富分配的"机会均等"权利的可能。现在就让我们一起来探讨在这个新时代里，我们的平民们可能遇到的"机会均等"话题，让我们从人力资源的公平理论谈起。

公平理论

$$（自己的）\frac{报酬（O_A）}{投入（I_A）} = （别人的）\frac{报酬（O_B）}{投入（I_B）}$$

报酬相当，A 感到公平（满意）

$$（自己的）\frac{报酬（O_A）}{投入（I_A）} > （别人的）\frac{报酬（O_B）}{投入（I_B）}$$

A 报酬过高，A 感到自己多得（满意）

$$（自己的）\frac{报酬（O_A）}{投入（I_A）} < （别人的）\frac{报酬（O_B）}{投入（I_B）}$$

A 报酬不足，A 感到不公平（不满意，愤怒）

这里的报酬是直观的，而投入就比较复杂，如果投入的是相同参照物 I_A 与 I_B，且只是投入量的大小，那么其可比性就比较简单明了。可是在现实生活中，却存在着各不相同的投入内容。不仅仅是劳动量的投入或资本量的投入，还存在着时常被分配所忽视的自然界投入和生命运动的投入。这样，就比较难直接开展投入与报酬之间的比对了，我们就需要结合时代的特征找到一个新时代里统一的"既是人人都拥有，又是与人人能机会均等地获取社会财富创造资格和分配资格相对应的可参照物"，从而才可以开展更有效的投入与产出。单从人类生存发展的角度出发，基于全体地球公民享有社会基础财富的平等拥有权，似乎"按需分配"是最合理、最公平的一种社会财富分配原则。可是，按需分配虽然实现了人类全体成员享有平等的分配权，但这种分配原则却很难落实人类社会财富再创造义务的全民化，社会财富的再创造将失去基础动力。社会财富再创造的义务一旦无从落实，可用于分配的社会财富将日益减少，直至消耗殆尽，终将出现无任何可供分配的标的物。此时，再好的社会财富分配原则也将失去意义。显然按需分配无法实现，人类社会财富创造和分配过程中的权利与义务对等原则，只能是一种理想主义的乌托邦。

随着人类社会的发展进步和社会财富的不断积累，社会财富的分配原则成了这对矛盾的主要方面。这不仅仅是因为它涉及社会财富分配的公平性问题，更重要的是社会财富分配直接影响或决定了社会财富再创造的原动力。因此，对社会财富的平等拥有权,并不表示可以完全地按需或平均分配社会财富。于是,就出现了按劳分配的原则,也就等于确定了"不可以不劳而获"的人类社会发展的基本共识。由于按劳动量分配社会财富的原则,基本实现了多数人对社会财富分配权利和义务的落实,基本解决了该领域的权利义务对等原则。长期以来,按劳分配成了人类社会财富分配的基本准则,奠定了人类社会一切经济行为和经济规则的基础。人们为了满足不断增长的物质和精神需要,产生了对经济财富的需求。为了实现这种需求,人们才把各种类型的劳动与其他生产要素结合在一起,使个人财富和社会财富不断增长。作为创造财富的最为主动的生产要素,劳动在创造客观财富的同时也创造了人类社会生存的一种方式——就业。劳动的权利、义务和劳动机会的获取,表现在社会行为上就产生了就业现象。按劳分配原则的确定,使劳动权利和劳动机会的获取等同于人们参与社会财富分配权利的资格获取,直接决定了这部分人的基本生存权的获得。

人类进入工业化时代后,大量采用机器进行生产,出现了通过"资本雇佣劳动"的形式。大批劳动者进入工厂从事规模化生产活动,并且逐渐形成了劳动要素对资本要素的依附,由此出现了资本积累,进而影响了整个经济增长的结果,而经济增长反过来又决定劳动力就业以及相应的收入分配问题。在传统工业经济条件下,劳动者就业增加的速度与规模,一般需依赖于资本积累与扩张的情况,这也是当今世界上许多国家的劳动力就业率仍主要依赖于经济总量增长速度的原因。在现实的市场经济环境里,也确实存在投资者和劳动者这两大社会财富分配阶层,存在着"按资分配"与"按劳分配"并存于社会再生产过程中的客观现象。

约尔·思腾恩创立的经济增加值(EVA=资本收益-资本成本=税后净营业利润-资本总额×平均资本成本率)就顺势提出,要求先于利润支付给投资者资本成本,以降低投资风险,体现出真正的资本价值,进而保障资本收益的权益。这样,客观的大工业社会经济的后期就表现出了"按资分配"将优先于按劳分配的现象,进一步使得"按资分配"的实际盛行。

众所周知,在工业化时代,世界各国劳动力流动都存在这样一个趋势:即劳动力由第一产业转移到第二产业,等到第二产业有了一定发展后,大量的劳动力又由第一、二产业转向第三产业，这种现象在理论上被称作"配第—克拉克定理"。人力资本理论的奠基者 W. 舒尔茨充分地研究了由人力资本引起的经济增长，并进一步界定了人力投资的范围和内容。他指出："随着经济的不断增长，这类资本与收入相对而言使用得越来越少了。……然而，人力资本则无疑是在按照一个比再生产性（非人力）资本高得多的速度不断地增长着。"在 W. 舒尔茨之前，历史上曾有一些杰出的经济学家关注人力资本，一位是亚当·斯密，他在当时大胆地把全体国民后天获取的有用能力视作资本的一部分；另一位是 H. 冯·屠，他进一步主张将资本概念应用于人；还有一位是欧文·费雪，他"明确而令人信服地提出了一个完整的资本概念"。经济学家的上述研究思路说明，人力资本在现代经济发展中的作用增强是一个历史趋势。1965 年，D. J. 罗伯逊在《技术变革的经济影响》一文中又进一步阐述了技术进步对就业的作用。罗伯逊分析道，采用新技术，只要它意味着能够节约生产成本，就会被认为是正当的。而在节约生产成本方面，通常只指节约劳动成本而言，而对于资本的节约却被忽视。于是，我们通过回顾人类社会经济发展史可以看到，在机器大工业的初期，劳动者人力资本在生产过程中作用较小，机器是作为劳动力的替代物出现的，因此当时的技术进步是偏向物质资本型的。随着工业革命的进程，特别是机器大工业后期，在技术进步快速发展的作用下，人力资本积累在经济增长与就业中的作用得以凸显，劳动力转移呈现出新特点，一些知识密集行业投资于劳动的份额相对于物质资本增加更快，从而造成这些行业资本的有机构成呈现出下降的趋势。现代通讯与信息技术的突飞猛进，使科技对就业的影响变得更大了，一些代表新经济特点的行业，像 ICT 技术、计算机、高新技术等领域，其劳动力需求尽管也需要从第二产业转移一部分，但更多的却是依靠新增劳动力群体中的高学历、高技能人才来填充，且劳动形态也在发生着巨大的变化。从表面上看，人力资本开始出现替代物质资本的苗头，于是新古典主义理论认为，"劳动开始雇佣资本"的时代到来了。特别是人类进入非现场经济时代，智慧劳动在就业过程中将充分享受到信息、ICT 技术和智慧共享体系带来的便利。劳动者就业岗位不一定严格依赖于就业场所的改变，劳动力在就业时间和空间上将呈现出分散化趋势，劳动力已经在一定程度上摆脱了工业化就业模式的束缚，反而物质资本在与劳动力要素的结合中居于从属地位,这些特征在智慧经济时代的非现场经济领域已表现得非常显著。智慧劳动开始分享单一资本的经济主导权,似乎是"劳动雇佣资本"的加剧,特别是智慧劳动似乎正在替代资本的单一主导作用。

可是,我们必须清晰地认识到:虽然智慧劳动的力量和占比大幅提升,按资本分配的实际态势得到了部分的遏制,但这里的提升仅仅是分配比例中按劳动分配份额中的智慧劳动份额的增加,不是整个劳动在社会财富分配占比的提升,智慧劳动无法改变按资本分配份额增大的恶性趋势。仔细观察我们会发现:资本的力量还是非常强大的,且非常狡猾。资本不仅继续直接"雇佣劳动",还开始大量转向虚拟资本领域,更广泛地间接"雇佣和绑架劳动",使劳动无法抗衡资本而实现雇佣资本或取代资本的幻想,"按资分配"不但没削弱,反而更强了,新古典主义理论又被新时代的新现象所破灭。由于资本仍然是市场经济的主导者之一,且资本总量还在日益膨胀,依照约尔·思腾恩创立的经济增加值理论,导致的现实状况是朴素的"按劳分配原则"正逐步被资本主导的"变异"市场规则所取代,按劳分配越来越演变成"按资分配"。这时,问题就出现了:(1)按需分配不切合实际;(2)"按资分配",特别是资本优先,剥夺了广大无资本阶层平等参与社会财富创造和分配的平等权,显失公平;(3)按劳分配的实际功能正在被弱化。按需分配不切合实际,"按资分配"显失公平,按劳分配又不能包含所有的群体。这才是新时代里我们要解决的问题。长久以来,学术界也始终围绕按劳分配在市场经济下的实现形式和按劳分配的"劳"到底是什么含义这两个方面进行不懈的探索和研究。传统的按劳分配实际上是以劳动能力为基础的劳动价值量分配原则,按劳分配原则就其创造社会财富的义务(劳动或劳动增加值)的落实受到劳动年龄段和劳动机会的制约。同时,依照普遍权利主张原则,地球上的所有人均享有社会财富分配权,从受孕的那刻到生命结束之时;遵循权利义务对等原则,所有人均负有创造社会财富的义务。于是,依照传统的按劳分配原则,就有部分人群由于无法承担直接创造社会财富的义务,无法实现真正意义上的义务全民化,尤其是无法落实到从受孕的那刻到生命结束整个过程中的所有人群(如人体胚胎、婴儿和老弱病残等)。这种劳动能力、劳动机会和劳动年龄段的限制,从某种意义上讲,等于剥夺了该群体直接的社会财富分配资格,也就是剥夺了另一部分人的分配权。显然传统的"按劳分配原则"或"劳动概念"已经无法满足这个时代的发展需求。

在非现场经济时代,除了智慧劳动在整个劳动中的占比增加外,还出现了市场主导因素的变革。这种变革导致"按劳"与"按需""按资"的日益融合趋势已成为必然。事实上已经存在着按劳分配整体的实际分配话语权在下降,只有其中的智慧劳动话语权在上升;"按资分配"的部分现象加剧,如食利阶层和虚拟资本市场套利占比提升等客观现象;按需分配的特定对象也日趋普及,如义务制教育、失业救济、贫困线、养老保险、慈善事业等。智慧经济时代的非现场经济现象将会进一步推动"按劳分配、按资本分配、按需分配"的混合态势。传统的劳动概念此时就显得过窄,无法包含实质已经成为社会财富分配参照物的其他要素,特别是生命行动几乎不直接包含其中,且资本行动也已不再是简单地靠投入量的大小了,而是资本投入量与机会效应的叠加。显然在这个时代,按劳分配原则的弱化和"按资本分配"的实质性加剧,加之按劳分配实际的特定群体属性的缺陷,这才是当今社会贫富差距不断被拉大的根本原因。面对这样的困境和混合式体制共存的现实情况,我们又该拿什么来作为社会财富创造和分配的基准参照物?如何找到这三种分配形态的新平衡点? 这又是"a question of the balance"! 作为就业理论的基础,我们的社会财富分配原则理论,需要进行适时的调整了,该是放弃传统的按劳分配原则的时代了。

我们知道,人们获取社会财富的途径不论是依靠需要,还是依靠劳动或资本,都是人类社会活动行为表现的结果。人类社会的一切活动是推动人类历史进步的基础力量,这种具有目标的行为,我们可称为行动。这里的行动是指人类积极的正向行动,不包括反社会的负向行动,行动力则是行动的量化指标。对应社会财富创造和财富获取的行为,我们可将其分为生命行动、劳动行动和资本行动。而其中的劳动行动我们又可分为一般劳动和智慧劳动。(1)生命行动:这种行动贯穿从受孕体诞生到生命体死亡的整个过程,是由生命力驱使的生命体自觉或不自觉的成长行动。这里的成长指的不仅仅是生物性质的体态长大和消亡,还包含适应自然环境和适应人类社会的能力成长。只要有人类生命迹象就有该种行动,这是人类从胚胎开始的生命权。这种生命权利对应着生存最基本的物质基础,也就是对应着社会财富分配的基本权利,任何人无权剥夺这种人类最最基础的生存权利。(2)劳动行动:是人们创造社会财富的直接行动,按劳动量直接参与分配社会财富具有普遍接受的合理性。可是,直接的按劳动分配将受到特定人群直接受益的限制,其公平性还是存在着缺陷的(特别是对应人们最基础的生存权时)。(3)资本行动:有人称它为另类劳动或间接劳动,这种观点太牵强,资本的实质就是资本的直接使用者剥削其他人的劳动。生命行动、劳动行动、资本行动三者都是客观存在的人类行为,同时对应着按需分配、按劳分配、"按资分配"的实际社会财富分配需要。在非现场经济新环境下,我们必须正视三者的客观存在,并找到三者在新环境、新效能下的新平衡点。由此,我进一步认为这个新平衡点就是非现场经济社会里,新社群结构特征中人的行动力。只有非现场经济的"行动力"提法才能包含三者,也只有包含三者,才能平衡三者。

行动力是劳动概念的扩展,它诠释了劳动概念在新时代下的新内涵和新外延,"按行动力分配"真正实现了按劳分配原则的最高境界,也将动摇我们现行传统就业理论的基础。根据奥肯对美国经济的实证分析得出的奥肯定律,经济每增长 2 个百分点,可以降低 1 个百分点的失业率。而现实社会的实际结果大约是 1.5,也就是说,经济每增长 1.5 个百分点,就业将增加 1 个百分点。于是,一定的就业量成为现代经济社会稳定和发展的基础。现代的就业理论认为,现代宏观经济政策的重大目标之一就是维持一定水平的就业。依据这样的传统理论,中国产业政策和投资结构正在发生明显变化,在这种变化的影响下,产业结构的变动可能会形成结构性失业。可是,就业问题的实质是人类工业文明的产物,就业的本质是增加社会财富和社会财富的分配资格。对于表面上的就业量扩大而实际上没有或不利于财富的增加和分配的公平的理论或做法,应该是不值得追求的。现实的社会情况是,政府为了保全政权的稳定,在经济运行波动时段,往往人为地创造出一些就业岗位。特别是在经济严重下滑期,政府多数时候会采用投资等短期行为来拉动经济或创造就业岗位。长此以往,创造和增加就业岗位就逐步演变成了政府的一项基本的职责。我们知道,政府只是市场经济的参与者,不是主导者,更不是上帝。创造和增加就业岗位原本是市场的功能,而不是政府的职责。也就是说,创造就业岗位是由社会财富分配规则决定,那么就业规则也应当由这种规则决定!

因此,新就业理论就不应该是"就业等于直接劳动资格"的获取,就业的实质是"人们所有的社会正向行动"。这样,对应的失业也不是简单的直接劳动机会丧失,而是人们的社会行动停止与否,通俗地讲就是他们"有没有闲着"。非现场经济环境下的按行动力分配思维,极大地改变了人们的就业观,只要我们的社会分配原则真正地"按行动力分配",那么答案就清晰可见了:新就业理念的实质不是就业岗位,而是人们"不能闲着"!

对非现场经济环境下的"按行动力分配"意识流,我们可以用图 9-2 来说明。

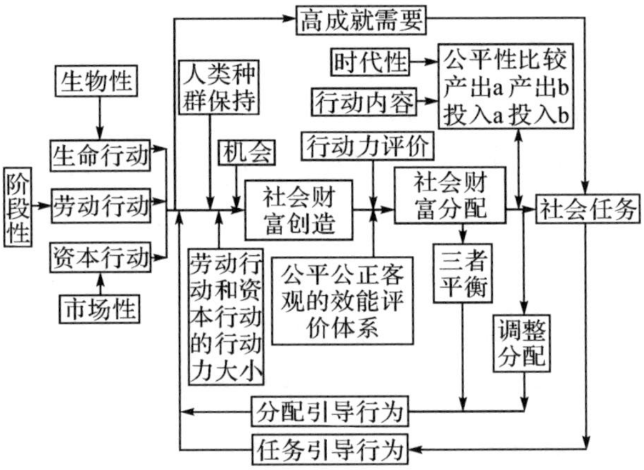

图 9-2　非现场经济的"按行动分配"理论示意

"按行动力分配"扩大了劳动的内涵和外延,不仅确立了资本收益的合理性,更重要的是"生命行动"(智慧劳动培育的开始)参与了社会财富的分配,实现了基本人权的平等性要求。我们的政府机构只要推动市场机制全面落实"按行动力分配",特别是其中的"生命行动"分配资格的保障措施即可。在传统的按劳分配原则里,实际存在着剥夺"生命行动"的分配资格的现象,那些暂时没有劳动能力、丧失劳动能力或丧失劳动机会的人群就变成了"闲人"。这些"闲人"由于没有社会财富分配理论和社会分配机制的支撑,其生存通常是以家庭为主体来承担,而这些家庭绝大多数处于社会的底层。于是社会的"马太效应"(Matthew Effect)就出现了,正如《圣经·新约》"马太福音"第二十五章中说的:"凡有的,还要加给他叫他多余;没有的,连他所有的也要夺过来。""按行动力分配"就是强化了生命行动、劳动行动、资本行动的三者兼顾,特别是强化了这其中常被忽视的生命行动,强调了生命行动参与社会财富直接分配的正当性。基于这样的正当性,保障生命行动持续下去的责任不该由小家庭来单独承担,而应该由社会大家庭与个人小家庭共同承担,只有这样,局部必需的按需分配才能得以实现,生命行动、劳动行动、资本行动三者的新平衡也就建立起来了。这种社会财富再创造和社会财富分配新平衡的建立,使传统的就业理论和一些就业相关的概念也将随之改变或消亡。失业救济、扶贫慈善、教育慈善、农民工等名词也将从慈善事业的名单中删除,而成为社会分配规则执行的必须。

至此,我们可以看到"按行动力分配"的思维不仅是理论层面的,还拥有了现实的社会基础。前面我们提到,生命行动指的不仅仅是指生物性质的体态长大和消亡,还包含适应自然环境和适应人类社会的能力成长。这种人类特有的能力成长,使人们在任何时段里都"不会闲着",最典型的就是智慧劳动者的适应性教育、普通教育和继续教育。一旦这些所有的教育形式脱离了商业化,各年龄段的受教育行为均被视为参与社会分配的"生命行动力"时,我们的人民也就永远不会"闲着"了。某一时段的部分暂时空闲人的继续教育行为就替代了直接的就业岗位劳动,也能参与基础的社会财富分配。于是,一切又真正回归到了市场。"按行动力分配"其意义在于:(1)修补了传统就业理论中劳动概念的过窄现象;(2)婴儿、老弱病残都在为智慧劳动的诞生而行动,纯粹的生命行为救济不再是福利,而是权力主张下的义务;(3)全民所有的经济组织的职能和兴办国企的出处也有了;(4)指出了政府不是就业的造血机器,不是直接创造就业岗位数的机构,而是社会经济规则修正与执行的监督者和维护者;(5)行动力对象的全民化,就业的新市场化不再有群体之分(也包括不再有农民工与城镇工之分了)。劳动行动不再是生存的唯一来源,而是收益最大化和自我更大价值实现的追求体现。只有"按行动力分配",才能使社会财富创造与社会财富分配分离,生命行动才具有参与社会财富的理论依据,而不再是单靠家庭或慈善和怜悯;只有"按行动力分配",资本行动获取社会财富才具有了一定的合理性和正当性;只有"按行动力分配",劳动和资本的分配才实现了平等、公平和公正。

我们在研究非现场经济时,提出"按行动力分配"的思考,不是寄希望于我们的社会立即去实现这种新型的社会财富创造与分配、分离方式,而是为了顺应非现场经济发展的规律,让大家看清这种社会经济发展的趋势,特别是其中的社会财富再创造和社会财富再分配的演变可能,以便我们能在日常的非现场经济研究工作中,结合智慧劳动及智慧共享体系放大其劳动效能,主动推动建立或尽早过渡到这种社会财富的分配体系,并在这样的新就业理论思维指导下,一起去探索新时代里广大平民"幸福和谐生活"的新希望所在。

第十章 走向非现场时代

从前面各章可以看到,非现场现象在当前的经济领域体现得非常明显。不过,非现场现象并不是经济领域特有的现象,其影响也并不局限于经济领域,而是渗透到了当今社会的各个领域。非现场经济已不仅仅是经济概念的新名词,与其对应的是市场经济文明、自然经济文明,可以毫不夸张地说,我们正在走向人类第三文明——非现场经济文明时代。

第一节 非现场时代的到来

技术发展水平在很大程度上决定了人类文明发展的水平,近代以来的三次技术革命——18 世纪 60 年代开始的蒸汽技术革命、19 世纪 70 年代开始的电力技术革命和 20 世纪中叶开始的信息技术革命——分别开创了蒸汽时代、电力时代和信息时代。在 21 世纪的今天,随着智慧共享体系的不断进步以及越来越广泛地被使用,我们将进入一个新阶段——非现场时代。

非现场经济是借助于智慧共享体系来实现的,智慧共享体系是非现场经济的核心和基础。今天,智慧共享体系的应用并不局限于经济领域,非现场现象也并不是经济领域的特有现象,而是广泛存在于社会各领域的普遍现象。

以下列举的是一些经济领域之外的典型的非现场现象。

网上办公：网上办公是指通过网络办公信息系统，实现企事业单位内部各级部门之间以及内部和外部之间办公信息的收集、处理、流动和共享。办公人员只需通过浏览器就可以在网上办公，甚至可以将办公地点搬到家中。网上办公具有节约成本、提高效率、灵活方便等多方面的优点，发展前景广阔。

远程教育：远程教育是现代信息技术应用于教育产生的新概念，指使用电视和互联网等传播媒体进行教学。它突破了时空的局限，有别于传统的在校住宿的教学模式。使用这种教学模式的学生，不受上课时间和上课地点的限制，可以随时随地上课。

网络图书馆：网络图书馆是指能够通过互联网提供在线查询、阅读、下载等服务的数字图书馆。网络图书馆相对于主要存储传统的纸质书籍的图书馆，在使用效率、文献共享、时空便利等方面具有极大的优势。目前中国的图书馆网络化和数字化工作已逐步展开，特别是高校和研究机构的图书馆在这方面取得了很大进展。

远程科研协同：远程科研协同平台为跨界跨区域科研团队协作提供综合性资源的共享和协同，面向各科研团队活动方式的需求，通过协同工作环境核心工具集和学科应用插件，集成网络环境中的硬件、软件、数据、信息等各类资源，为团队提供先进的数据流服务。支撑核心技术和创新技术研发的多学科融合、多团队协同、多技术集成、产学研用长效合作，实现创新平台资源、科技资源开放和共享机制，积极促进科技成果异地转化与国际交流合作。

互联网医疗：互联网医疗是互联网在医疗行业的新应用，包括以互联网为载体和技术手段的健康教育、医疗信息查询、电子健康档案、疾病风险评估、在线疾病咨询、电子处方、远程会诊、远程治疗和康复等多种形式的健康服务。互联网医疗代表了医疗行业新的发展方向，有利于解决医疗资源不平衡和人们日益增加的健康医疗需求之间的矛盾。

非现场文化活动：非现场文化活动是指以智能技术为基础而开展的文化活动、文化方式、文化产品、文化观念的集合，是现实社会文化的延伸和多样化的展现，同时也形成了其自身独特的文化行为、文化产品特色、价值观念和思维方式。主要包括：互联网文化产品的制作、复制、进口、批发、零售、出租、播放等活动；将文化产品通过互联网发送到计算机、固定电话机、移动电话机、收音机、电视机、游戏机等用户端,供用户浏览、阅读、欣赏、点播、使用或者下载的传播行为,也包括互联网文化产品的展览、比赛等活动。由于非现场的全世界流通,各地的文化在被同化、融合后产生甚至衍生成现实世界的文化。

非现场政治民主:非现场政治民主是指以计算机网络技术互动的方式,非现场来处理、创制和传播表达政治意愿、参与政治事务的一种新型民主形式。常见的形式有电子投票、电子论坛、电子竞选和政务网,是推动公众参与政治民主的有效新渠道。

非现场执法与远程法庭:非现场执法是执法人员身处非现场,运用智能科技设备、设施远程采集证据,依据相关法律进行执法的行为,包括证据采集、信息分析、信息库建立、远程协查等。远程法庭是以智能科技及远程传输技术为基础、以法庭行业的需求和特点为诉求目标的电子政务系统,通过实时双向传输图像、语音及数据交互,实现异地展示证据及作证,同时同步完成开庭准备、开庭审理、裁决宣判等审理活动,极大地降低了办案成本,并确保了庭审参与人员的安全。

远程精准打击:所谓远程打击是指军队借助智能科学技术力量,实施远程作战打击、快速响应、精确远程投送和无人化作战的力量。这是现代非现场军事行为,具有远程摧毁确定的目标,并压制不对称的威胁的功能。

从某种意义上说,凡是能够有效地使用智慧共享体系的领域,就一定存在非现场现象。

至此,非现场经济已经不再是一个经济领域的名词,而是一个新文明期的代表性符号。智慧共享体系被使用得越普遍、越充分,非现场社会现象就表现得越明显,这就是当今社会发展的主方向。

第二节　从现场到非现场的转变中可能面临的问题

中国近现代的历史,从某个角度来看,就是一部学习和追赶西方的历史。在过去几百年的"现场时代",中国一直是学生和后进者。然而,在一步步走向非现场时代的今天,情况将有所改变。

从总体上说,今天的社会生活正在发生从现场到非现场的转变。在不同的国家和地区,转变的进程有很大的差异。前面已多次谈到,智慧共享体系是非现场现象的核心和基础。因此,智慧共享体系的建立、完善以及广泛使用,是实现从现场向非现场转变的关键。在这一过程中,有两个问题最为重要:其一是智慧共享体系能否被高效地建立起来;其二是公众能否有条件、有能力使用智慧共享体系。

从技术上说,建立和完善智慧共享体系在今天已不是大问题,但从政治和经济等方面来说,却存在很多问题。智慧共享体系的建设需要巨大的投入,这个体系由谁来建、建成后采取什么机制共享、利益如何分配等问题,在不同的国家和地区有着不同的答案。从推动社会发展的角度来说,智慧共享体系的建设应该归为基础建设。这项基础建设在今天应该成为衡量一个国家和地区发展潜力的重要指标。在当代,智慧共享体系基础建设的落后必将成为某个国家和地区发展的瓶颈问题。

光有智慧共享体系的基础建设还不够,还需要公众有条件、有能力使用智慧共享体系。如果人为地为智慧共享体系的使用设置过高的门槛,就会使这个体系无法为广大的公众使用(如高费用门槛可能阻挡住一大批低收入人群)。另外,由于智慧共享体系对使用者有一定的知识和技能的要求,公众的教育普及程度在很大程度上决定了有能力使用智慧共享体系的人数。这些都是需要考虑的重要问题。

前面,我们指出了走向非现场时代需要解决的两个关键问题,对于如何解决这两个问题,中国有着特殊的优势。

在新中国 60 多年的发展历程中,大部分时候都非常重视基础建设工程,甚至将之作为立国的根本。我们有理由认为,一旦中国政府充分认识到智慧共享体系的建设对于国家发展的重要意义,将会像实施"两弹一星"工程、航天工程、高速铁路工程那样,调动巨大的力量、高效地推进智慧共享体系基础设施的建设和完善。建设 14 亿中国人的智慧共享体系,这是一项何其伟大的工程!

在新中国60多年的发展历程中,大部分时候也都非常重视基础教育,而且非常强调教育的公平。虽然中国的教育近年来一直为媒体所诟病,但正是这种强调基础、强调公平、强调普及的教育,使中国的文盲率降到只有4%,培养了数以亿计的有一定文化素质的劳动者。在向非现场时代转变的过程中,中国的基础教育中应该有意识地增加和补充学习智慧共享体系的知识和技能,并逐步提高公众积极使用智慧共享体系的意识。

根据中国互联网络信息中心(CNNIC)的统计,截至2014年年底,中国网民已达6.49亿,互联网普及率达到47.9%。根据总部位于纽约的"世界经济论坛"2011年发布的报告,就网民在互联网上发言频度而言,中国网民在全球是"最勤奋"的。而且,中国等一些新兴经济体更快地拥抱Web 2.0,而那些发达国家,由于其强大的主流媒体内容覆盖广泛,并且依旧固执于落后的Web 1.0,削弱了网民发言的需求和兴趣。这些都是中国走向非现场时代的巨大潜力。

除开以上两个问题,还有一个问题需要指出:如果我们把社会生活从现场到非现场的转变看作一种范式转换,那么在转变过程中,必然会存在所谓的"库恩损失"①。对于完全适应并享受非现场时代的人,这种"损失"是无所谓的;但对于不能适应非现场时代、只适应现场生活的人(如一些很难改变生活方式的老年人),这种"损失"却是致命的。在向非现场方式转变的过程中,我们必须考虑那些不能适应(或不能完全适应)新范式的人群,一方面要努力帮助他们改变观念,学习新的知识和技能,适应新的非现场方式;另一方面,还应该在适当的范围内保留传统的现场方式。

由于社群结构性质和组成方式的革命性变化,非现场经济文明期新社群的交往方式不再停留在以地域属性为主的现场,而是建立在了无疆界的纵横交错的非现场之上;交往内容也不再仅是利益驱使,而是以兴趣为主。新社群交往也涉及主体之间的交互作用和相互关系,以及表达主体在活动关系中的特定属性

---

① 美国当代著名科学哲学家托马斯·库恩指出,在范式转换过程中,新旧范式是不可通约的,转换即有损失,旧范式所提的问题和解答,不可能被无损地转移到新范式中。另外,新范式在发展初期,没有足够的时间来完善体系和补充细节,也没有经过长期的实践检验,其内在生命力尚未充分展现出来;与旧范式相比,新范式最初在某些方面甚至有可能处于劣势,能够说明的内容有可能还减少。

等。更难的是,在这非现场化的第三文明期里,一个主体是怎样与另一个主体接触的变化规律问题。

这个第三文明期里发生的交往难题直接反映在了新社会信任体系的重构的复杂性上。信任是众多人文科学和社会科学领域的研究对象,可见信任是一个相当复杂的社会和心理现象。在社会学研究者看来,信任在很大程度上是作为一种突破了个体的关系而存在的,它已成了一种社会关系,这种关系并非孤立存在,而是根植于整个社会政治、经济、文化与行为活动的背景网络中,其生成有着深刻的社会环境和社会制度的烙印。

当前的社会信任危机源于社会转型期复杂的背景因素,既有原本信任自身形成机制的地域认同性、地位身份引导性与精英契约的客观变化原因,也有社会治理的政治和制度演变滞后的原因,更有非现场生态环境下的主体交往变化的规律性问题。

总而言之,非现场经济的深度研究绕不开两个难题:(1)因无疆界平等参与带来的非现场经济文明社会的新信任体系重构难题;(2)智慧劳动撼动资本唯一主导者地位而引发的社会经济综合体系重构难题。

第三节　非现场社会生活

古希腊有句格言:场所自具力量。这种场所力量源自地理性的社会参与,希腊场所文化实质是一种在场式的民众平等参与的文化。可是现在我们遇到的问题是:我们已经回不到古希腊那种在场式场所。非现场经济的低门槛、低成本,在解决了平民平等参与的问题的同时,却把我们引入了另一个新的不在场的无疆域场所里——一个人人平等参与却又不在现场的无疆界新场所。

在非现场经济文明的不在场、无疆域场所里,传统的地域社群观和利益交友观将被彻底改变,建立在个人利益平等获取权基础上的社会主体,正利用智能科技高效的无疆域传输力,以共同兴趣和共同内容为核心而重新搭建起一个个崭新的共同体"王国"。这些无疆域、交叉性"王国"均由各类非现场、全球化的新社群重叠而生,每个超级社群构建起跨疆域的新垂直"王国",每个群主就是一位新"国王"。多个重叠的"王国"使我们人人拥有多重"国籍"(严格意义上讲是"群籍",而非地理概念或主权概念的国籍)。于是,非现场经济文明社会开始出现横向的主权国家(地域组织)和纵向的社群王国(超级社群组织)交错并存的现象,全球化的新社会制度也将围绕着智慧共享体系与无疆界智慧劳动的新社群而展开,呈现出跨区域线上线下纵横交融的趋势。原有的地域文化与无疆界新社群文化开始交叉,且又共同体现在新时代的社会活动中,这使得新时代文明与传统文化之间的关系变得更为复杂,非现场经济社会文明遇到了去地理属性利益与跨界兴趣纵横共存的同一性问题。我们需要说明的是,这种新文明的同一性,只是全球新社会经济文明的游戏规则趋于同一,而不是全球各民族文化的同一化。各民族文化与各社群王国的新文化共存共荣,文化没有高低之分,更不存在哪个文化将统领世界的问题,仅仅是社会经济、社会综合体系的游戏规则借助于非现场经济的渗透力而自动趋于完善和同一。原本实际的在场广场演变成了在线式的无疆域、非现场空域,这种无疆域、非现场的新广场文化力量的获取,均来自于一个多数人不在场的线上为主的新广场,这就意味着首先需要获得一个既不在场又多数人基本趋同的跨疆域的基础认知思想支撑。纵观全球范围的哲学体系,我认为,最能适应非现场经济文明跨疆域、同一性基础认知的是东方和谐哲学思想。这是由东方哲学的非冲突性特征所决定的。古老东方易哲学里反映出来的"多项对偶动态一元思维方式"①是最能跨域地理疆界和区域文化差异束缚的和谐哲学思想,它为我们构建无疆域和谐社会的认知,提供了可靠且有价值的哲学理论基础。我们深度观察这种思维方式时会惊奇地发现,这是一个以东方和谐哲学思维为代表的古典人文主义与以二进制为代表的现代科技的完美结合,近似二进制的文化思维方式与智能科技"数理二进制"逻辑出奇巧合地站在了一起。也许非现场经济全球和谐社会将是一个"数理二进制承载起来的东方哲学文化思维"的新文明,一个全人类和谐智慧共享、无疆界协同发展的社会,从

---

① 杨成寅.成中英太极创化论[M].杭州:浙江大学出版社,2012.

而区分了三个不同的经济形态和对应的社会体系：早期以血缘和地理为基础的现场和非现场相结合的自然经济社群及与之对应的社会体系；工业革命时期以利益和地缘经济为基础的高度现场化的市场经济社群及与之对应的社会体系；如今以兴趣内容和跨区域协同发展为基础的非现场经济新社群及与之对应的社会体系。带有浓重地理属性的帝国文明终将走向末路。非现场经济文明彻底脱离了地理空间制约，通过哲学、工程技术、社会经济、社会管理等要素的深度平行与集成共享的共存推动了社会变革，构建出全球无疆界、一体化的高效非现场集成共同体，明确界定了大工业革命经济（市场经济）与第三文明经济（非现场经济）这两个不同的文明体系。同时，通过第三文明智慧共享体系而放大效能的智慧劳动，也使社会经济逐步摆脱资本的唯一主导。此时，原本基于地域、身份地位、精英契约和资本而建立起来的传统的信用体系、规范体系、社会经济制度和政治制度等均将面临崩塌。大工业革命以来围绕着资本而建立起来的资本主义体系，也将随着资本地位的削弱以及整个社会体系的去资本主导化而逐步瓦解，最终可能导致资本主义的自动消亡，资本主义社会结构的瓦解也将遵循社会主体平等参与度及社会经济主导者地位变迁的非现场经济发展演变之规律。

非现场经济学说顺应了无疆界、低门槛、高效共享社会发展的需求动力，尝试着去探索高度智能化的第三文明时代中以智慧共享体系为核心的非现场经济的内在逻辑。非现场经济不再只是一个单纯的经济现象，而是一个由智能科技和全球化带来的政治现象，正因如此，非现场经济文明覆盖到所有的领域，包括文化的非现场、民主政治的非现场等。非现场经济学说的研究，既要回答高度智能化社会里"我们应该怎样""怎样才是合理的"；也要回答"什么是新社会共同体系及秩序的重构"；更要回答的是"社会新共同体系的合理性是怎样形成的"。非现场经济的研究是站在认知哲学、社会哲学、科学哲学的未来而畅想现在的跨学科探索，是顺应人类未来幸福生活而创造现在，从而避免盲目创造出一个不自觉的灾难未来。这是一个不同于重商主义、古典经济学、新古典经济学、理性假设范式的平行纵深而与集成共享相统一的非现场新经济学范式。这表面上看是人的活动的现场与非现场分离，实质则是社会系统性的分离。在原有的分布式经济下，在交通与信息未发达之前，人们分散在各自的现场做着各自的事，但是随着智能科技支撑下的超高速物流、信息流、智慧流(具有共享价值的 DT)的打通,再加上高速量子计算的产生,现场与非现场就彻底脱离了地理空间的束缚,所有具有实体的东西都被一个形而上的物体所控制,整个社会经济也就脱离了现场的巨大权利——或者说,某种技术的自增强、互补性效率被调控了,它的规律不再受现实要素的影响,而是被一种共享智慧自身的增长所控制。无疆界的智慧劳动正是通过智慧共享体系的快速生成与自动调控而推动特定政治、经济和文化、意识形态的重构,这不是简单地将非现场经济的增长归结为要素的积累和外生的技术增长,而是将非现场经济增长与新文明期里社群结构变化与新社会制度联系起来,建立起能够为智慧劳动者提供公平参与且能使其保持可持续、高效盈利能力而支撑的政治、经济和意识形态等制度,建立起一个重构的社会信任体系、社会经济体系与社会制度的人类共同体文明。

科学技术推动了人类文明的发展,而新技术是在已有技术上产生的,只有各个技术深度的平行发展,才是各技术集成的基础。集成是将分散的各种成分构建为集成统一体的方法,实现集成的一个问题是:如何对具有各种特性的成分进行有效的集成而构建高效的集成统一体。这里涉及集成现象中模块化、全局化、优化等概念。集成的各过程是大量集成成分基于它们之间的相互作用建构具有新功能的集成统一体的过程。[①] 非现场经济的集成是建立在智能科技与各学科平行发展壮大的基础上,平行的价值递增造就了价值集成的倍增。非现场经济的集成不同于一般集成,具有其特殊的共享性特征(既包含自然科学的集成共享,也包含人文社科的集成共享),这种倍增价值的集成共享性又进一步促进了各学科跨界各自平行的深度发展。犹如人工智能是各技术进化与共享的结果,其超级智慧的大脑不仅仅靠它自带的电脑(即使是最新的量子计算电脑)来实现,还依靠实时交换的、由散落在全球范围的数亿行业和数亿处理器构成的数据共享云端来支撑;反过来,人工智能又促进了个人单科技术的发展,这就是人类智慧共享体系贡献的重大表现。

平行的集成和集成的平行,均指向了非现场经济文明重构这个目标。平

① 唐孝威.一般集成论[M].杭州:浙江大学出版社,2011.

行的深度性与集成的共享性的结果,使无疆域的新广场文化演变成了非现场经济范式下全球社会的"幸福和谐"。

20世纪初,凯恩斯曾促成了一次经济领域的革命。他提出了政府干预政策,要求政府从财政政策和货币政策等方面对经济实行干预,以矫正市场的失灵。也就是,在市场失灵时(实际上是资本家唯利是图的本性所导致),通过理性、公正的社会组织(政府)的"看得见的手"加以干预而使经济回归正常,把过分自由的、失灵的市场那只"看不见的手"扳正过来。这样,资本主义市场经济就可以理性地运行了。此理论一出,各资本主义国家纷纷厉行,果然解决了当时困扰人们的社会问题,拯救了当时濒危的资本主义。然而,随着科技和区域发展水平的不同,地区利益和需求也日趋差异。如今,这个政府理性、公正的"看得见的手"在推动全球快速一体化的进程中,却逐步演变成了地区利益或集团利益的代表,国与国、地区与地区在凯恩斯革命的思维惯性下,展开了一场新区域利益的博弈,致使全球多边贸易体系中多哈回合谈判迟迟不能圆满完成。各国开始转向双边自由贸易协定和区域自由贸易协定(FTA)。可是,各自由贸易区的多边谈判也均由国家和政府主导。近半个世纪来,全球多边贸易体制和区域贸易自由化一直相伴相生、交替演进,最近的《泛太平洋战略经济伙伴关系协定》(Trans—Pacific Partnership)还涵括了知识产权保护、劳工标准、环境标准和促进中小企业发展等内容,涉及金融监管、竞争政策、经济立法、市场透明、反贪等多个领域。国家主义代替了全球化人民主权,国际交流代替了民际普遍参与,区域经济体间的协同发展谈判也就变得不再纯粹,往往掺进了一定的区域利益保护、意识形态与价值观之争。这种地域利益的博弈对全球多边贸易体系的再发展造成了障碍,直观地表现在贸易保护、技术壁垒和集团价值观输出等方面。区域性世界贸易争端急增和贸易保护主义及技术壁垒的加剧,使得世界经济更加动荡,这也将成为阻碍人类文明整体再进步的焦点问题。

进入21世纪,人类已经开始踏入了一个"以智能化程度为时间节点,由智慧劳动引起的,相对于质能经济"的非现场经济文明时代。人们的贸易行为正通过高速数据流开始与现场的人及物逐步分离。全球贸易信息、贸易指令正以毫秒的速率在世界范围间传输;人的流动借助于现代航空交通,以小时为单位在全球穿梭；货物流则以海运为主形态，以天为计算单位而在全球范围内忙碌。这种以毫秒对应天与小时的非对等现象，加剧了人货分离、贸易行为与货物现场的分离。在这个崭新的时代里，由于非现场经济去地理属性及低成本、低门槛特性的突显，动摇了由地域、身份地位和社会精英主导的社会契约而建立的传统国际贸易、国际交往的社会信任体系的基础。社会信任体系、规范体系、经济体系开始围绕非现场的无疆界化和平民参与而作适应性调整，集团国际市场经济体系与以资本为主导的资本主义制度将再次受到无情的涤荡。无疆界（全球化）的整体社会信任体系和社会综合制度将被重新构建，社会经济体系、制度体系无疆域的同一化趋势，将不再单靠少数利益集团（包括地域思维的国家集团和社会精英契约得益阶层）来推动，而是由全球大众借助无疆界智慧共享体系而普遍参与的新"和谐共享"约定俗成。尽管目前国家的历史作用远未终结，国家还是国际社会的主角，但非现场经济文明的快速发展使得很多事情已经是国家或政府力所不能及了，非现场经济社会更多的问题与事务已经不得不依托于全球民众直接参与的国际社会大环境去协调、解决，国际关系行为体也越来越呈现出国家、国际非政府组织和民众直接参与的共同交互作用，国家行为正逐步让位于跨国界人民主权的相对性，主权让渡于世界公民，成了国际机制民主化的重要标志。非现场经济学说倡导以宏观的历史眼光审视人类社会的发展，真正认清非现场经济全球化与新全球主义正在加速发展的大趋势，找出破除贸易保护主义和价值观胁迫的路径，促进全球范围实现无疆界的公正、公平最大化，重构全球化的社会信任机制和贸易公平机制；倡导各区域顺应非现场经济文明发展的机理，破除技术壁垒，协同跨越区域性数字鸿沟（技术壁垒已经成为世界范围智慧共享体系发育成长和造成区域数字鸿沟的最大障碍，也是区域贸易壁垒的根本）；倡导充分发挥联合国宪章精神以及联合国与各非政府组织在无疆界社会新制度体系构建上的引导与调控作用，推动新型非政府组织来逐步替代国家和政府间的博弈。

　　非现场经济文明的转变归根结底是全球政治统治方式的转变，非现场的问题不仅仅是经济形态及生产形态的转变，而是一整个社会控制和统治方式的变化。至此，我们可以看到：不同的时代条件建构了社会主体不同的追求思维。观察和研究这一社会变革趋势，我们会发现再有类似凯恩斯那样的革命，也已经无法在新的社会经济环境中再次拯救正在逐步脱离单一资本主导的资本主义了。全球性无疆域和谐共同体正在逐步诞生,非现场的全球主义历史指向乃大势所趋,无法阻挡,旨在区域保护的各种区域贸易协定和技术壁垒也终将成为人类的历史。

现场始终还是有人在,许多生产还是要依赖于现场作业,但它将逐渐被非现场的形态所调控,一个全新成长起来的全球性社会大脑正在控制着你我所有的肢体(自然人的灵性不在本书讨论之列)。生产系统、制造系统、贸易系统和社会公共管理系统等均将转变为非现场调控系统。不论你从事何种职业,不论你身处何地,也不论你是哪个国家的哪个阶层,最终谁也逃脱不了无疆界智慧共享社会的"大脑"的控制。迟早要被卷入,还不如早点主动去拥抱非现场经济的新文明!

非现场经济文明中的人们,将不断地建立起更为进步的共性标准,或提升这个共识,智慧共同体正持续不断地诠释全球"幸福和谐"的新内涵。

附　录

警惕"互联网＋"标签化

（2015 年 5 月 19 日刊于《中国新闻周刊》）

文　张为志

高新智能科技发展与应用推动的智慧共享体系下的非现场经济时代已经到来。建议倡导树立非现场经济意识，但也应谨慎地看待"互联网思维"或"互联网＋"这些过窄的过渡性概念。

公开报道显示，最近多地政府开始积极推动"互联网＋"相关领域的投资，短短的几个月里，各地政府计划投入智慧城市建设的规模已超过千亿元。在政府大力带动下，各企业也纷纷加入"互联网＋"行列。日前，阿里就启动了"互联网＋城市服务"战略。据悉，上海、广州、深圳、杭州、宁波、南昌、青岛、太原等首批12 个城市已正式入驻阿里城市服务平台。阿里计划，该平台今年将在全国 50个城市上线。腾讯则依托微信启动"智慧城市"战略，目前已有广州、深圳、佛山、武汉和上海等 5 个城市上线。

自 2015 年全国两会政府报告发布之后，"互联网＋"这个词就非常的热。一时间，从学界到社会，从产业到资本，从互联网业界到传统产业，"互联网＋"成为社会探讨的话题。尤其在 TMT（通讯信、媒体和科技的融合）投资领域，言必称"互联网＋"，投资标的非"互联网＋"不看，大有"互联网＋"脱缰之势。各行各业，不论国企、民企，不论转型、创业，谁也不甘落后，一时间"互联网＋"思维泛滥。

"互联网＋"是社会发展历史进程中特定时段的一个进步符号。但是，面对社会超乎寻常的狂热，浑然不顾社会发展、科技发展和市场经济价值的基本规律,过度地去解读或片面解读"互联网＋",很容易把人们带到一个狭窄的急功近利的歪路上!

我们必须冷静下来,冷静地观察和思考"互联网＋"问题,以及"互联网＋"在社会发展进程中所扮演的角色。

套用误区

1995年10月24日,美国联邦网络委员会给了Internet第一个清晰的官方定义。实际上Internet表示的意思是互联网,又称网际网路,是网络与网络之间所串连成的庞大网络。这些网络以一组通用的协议相连,形成逻辑上的单一且巨大的全球化网络,在这个网络中有交换机、路由器等网络设备、各种不同的连接链路、种类繁多的服务器和数不尽的计算机、终端(包括个人终端)。

说得更直接一些,就是使用互联网可以将信息瞬间发送到千里之外的人手中,也即一个数据传输体系。过度夸张的"互联网＋"概念,极易误导人们脱离互联网的基本属性,从而把原本的数据通道属性误导成无所不能的神器。

互联网作为一个新科技催生的工具与传统产业结合时,更多的是通过数据流去改变传统行业的高成本与低效率,是企业克服信息不对称,使供应链透明,并实现无疆界客户服务、新社群营销、协同通路等的有效工具。

但是在现实中,无论是个人还是政府,在套用"互联网＋"这一概念时极易产生一些误区。

许多传统行业,特别是在流通领域里,一些人以为建个网站,加个电商平台,或者进行了网络营销就等于实现了"互联网＋",这是一种比较危险的认识,也是造成企业升级转型失败率居高不下的重要原因之一。

倘若区域经济体或企业仅仅把电商当成一个新生业务渠道,或者把互联网业务当成一个新业务模块,贴上一个O2O的标签就完成了"互联网＋",不仅实现不了经济转型、产生不了新业务,也难免跟自身原有的线下渠道恶性竞争,导致内部资源耗损激增,反伤其身。

电商、移动电商只是一个顺应社群发展变化的新社群经济窗口,其最终的核心竞争力还是在于"服务于产品、服务于人"。

中国产业互联网之路在于智能科技的共享体系带动传统工业、传统农业和其他领域的协同发展,这才是可持续中国优势发展之路。

技术创新是区域经济和企业成长的重要动力。然而一些传统业务公司,仅仅因为贴上了一个互联网或"互联网＋"的标签,也迅速获得了高倍的溢价,市值随之膨胀,飘飘悠悠浮到空中。

因此,我们应该关注和警惕由"互联网＋"所引发的新一轮开发区、电商产业园和互联网企业高估的泡沫经济的潜在风险。

迈入"非现场"经济时代

"互联网＋"是科技发展的成果,是近代科学技术成果卓越的表现之一。

蒸汽机和电气化为代表的两次工业革命,造成了人们的社会活动向高度现场化集中,这导致了生产流水线和都市等的产生,人们的生活活动被引向了相对集中的固定地点、固定场所和定点的时间。于是,与其相对应的是经济学理论、就业理论、都市理论、社会公共管理理论等纷纷出台。

如今,人们借助于智能科技的高速发展,推动人类新文明进入另一个崭新时代。正如近年来一些科学家认为,就像天体物理学上存在着一个让所有物理定律都失效的"寄点"(singularity)一样,信息与智能技术业正朝着"超人类智能"的"寄点"迈进。

智能科技发展迅猛,使得信息经济进入了一个高级阶段。高新智能科技推动的智慧共享体系正在逐步形成,且这个人类共有的社会智能大脑初步发育完成并开始发力了。

这个社会智能大脑的成熟与发力,直接导致人类进入一个崭新的文明时代,其突出表现在于人们社会活动的主形态再次发生了根本性转变。人们正从工业革命的高度集中式现场生活主形态,开始转向更自由的非现场活动主形态。其对应的经济主形态也随着新社群感的变迁而转为以非现场经济为主,标志着人们开始进入一个崭新的非现场经济时代。

　　智慧共享体系的充分"感知与应用"与"充分自由",再次把劳动者从固定劳动时间和固定场所中解放出来,非现场经济时代真正到来。

　　至此,由智能科技重新建构的非现场新产业文化也将脱离现场为主的经济土壤,建立在非现场经济的新大地上。

　　非现场的社群结构和形态发生根本性的变化,对应的社群经济核心要素在非现场经济环境中也发生了重大变化。其中最为重要的就是新社群边际模糊化和去疆界化带来了弱化的现场社群要素的影响力,甚至是去现场社群属性的趋势。这种由智能科技推动的智慧共享体系所带来的社群边际弱化力,使得新社群经济的再发展逐步从现场要素的束缚中解放了出来,由此而产生的新经济机遇也将变得"一视同仁"。

　　非现场经济的渗透力直接、间接地决定了社会的主形态发展趋势,非现场经济活动的时空还将分别表现在非现场新社群经济、非现场服务业、非现场金融业、非现场实业经济、非现场制造业经济,以及非现场区域经济、非现场公共管理、非现场民主、政治、军事,等等。

　　显而易见,我们不能再停留在大工业革命的思维惯性之中,也不可错误地、片面地、过窄地去理解智能科技推动下的社会主形态发展态势。因此,我们要提倡以非现场经济意识去替代传统互联网思维。但与此同时,不可简单地将"互联网＋"标签化、狭隘化。

破解品牌商触网的死亡之吻
迎接电商 2.0 时代到来

（2015 年 9 月 21 日刊于中国网）

文　李秋燕　张为志

2015 年电商业遇到严重的整体发展困境，特别是出现了 B2C、C2C 的实际交易成本飙升、电商从业者大面积亏损、次货假货泛滥、交易争议的追溯无法实际有效解决等问题；同时，2015 年移动电商的先行实践者——草根微商更是遇到了极度混乱和整体业绩断崖下滑的窘境。

传统电商简单的拿货制与代理制导致的电商业无序发展、导流成本、虚假刷单、暴力刷屏、三无产品混杂、投诉无门等，不仅威胁到电商自身发展，也严重伤害到了优质品牌厂商。如今的优质品牌厂商只要触网等同接到了死亡之吻，几乎都逃脱不了极速兴奋且快速死亡的命运。

国内某知名化妆品公司经过十几年的奋斗，立足科技创建品牌的基本路线，每年投入利润额的 12% 进行新产品研发，组成跨国、跨界顶尖研发团队，让每一款产品都成为全国科研智慧结晶，将品牌打造成中国知名的科技时尚大众品牌。同时斥巨资请大阵容明星代言，江苏卫视、湖南卫视、东方卫视、安徽卫视等王牌栏目都有它的身影，品牌形象深入人心。就是这样一个一步一个脚印，奉行多元、乐观、创新、冒险的企业精神，在生产实力、科研力量、渠道建设、品牌精髓等各个方面均跻身行业前列的集团；就是这样一个优秀的奉行国货当自强的代表性品牌企业，自触网以来，其品牌却成了极速兴奋与快速死亡最为典型的案例。

据该公司副总裁表示，2005 年该品牌化妆品销售过亿，2007 年进行多渠道的业务开拓，并进入专门的电视购物频道，涉足电视购物，用了两年时间做到了全国第一。2010 年公司试水电商行业，2013 年销售进入淘宝化妆品前十，国货类前五。

相关统计数据显示，2014年10月，该品牌在淘宝全网月销售额超过5000万元，仅次于雅诗兰黛（7110万元）和巴黎欧莱雅（5565万元），位居第三名，并超越百雀羚位居国产品牌第一。同年10月份在唯品会、聚美优品、乐蜂网以及京东分别实现了2600万元、1450万元、360万元和348万元的销售额，其中在唯品会和聚美优品均排名美妆第一。到了2014年7月，公司再度进入微商领域。2014年，化妆品年销售额已超过50亿元，该品牌微商业绩也实现了每月过亿的销售额。综合各电商平台的数据，短短三年他们"电商国货第一"的成绩就实至名归。

极速兴奋后随之而来的是品牌的快速死亡。不久前，该品牌在淘宝和天猫店的动态评分多数"泛绿"——在淘宝和天猫，动态意味着该评分比同行业的该项评分高或者持平，泛绿则意味着低于同行的平均水准。在三皇冠商城的"官方授权专卖店"评比中，评分是"描述4.7，服务4.8，物流4.7"，亦全绿。急速扩张的微商代理模式，不但存在着层层分销的成本剪刀差巨大，也使该品牌的"招代理"愈发向传销靠近，并有不少消费者开始出现指责卖家"垃圾""虚假发货"等极度负面评价。

如今，与中国大地的酷暑天气相反，传统B2C、C2C以及微商的寒冬似乎越来越近了，现有电商业无法自律、无法规化导致的代理难、业绩下滑成了多数电商面临的致命难题，也使得品牌厂商遭遇到了触网的死亡之吻。究其原因，现行的电商1.0厂商不分离、店商不分离的拿货制与代理制是罪魁祸首。在这种制度下电商平台仅仅是一个产品与客户的连接平台，根本无法规范各方利益参与者的自觉行为。如业内一人士所言：在这样的电商1.0体系下（不论B2C/C2C/微商）所有拿货者和代理制下的电商们想要挣钱，最好的办法就是几个月就换一批产品！于是乱价、串货、夹货、假货、抢流量、拉人头、变相传销等就失控而变得习以为常，此时再好的品牌产品商只要触网就必定是极速兴奋与快速死亡的结局。那么厂商自己开店、自己经营网店是否就能逃过电商1.0的死亡之吻呢？答案同样是否定的，因为只解决了拿货制并未解决被动搜索分发功能带来的流量、刷单等问题，厂商店商还是没分离，只是企业电商营销内化了，内化的结果是要么不追求业绩，要么内化再度变相地外化，这样的后果又回到了前面电商1.0的原点。

故在此,笔者再次提醒各知名大品牌、优质产品商们在没有电商2.0出现或自己搞不清情况时,不要轻易触网,警惕"互联网＋"标签化。

电商2.0的春天——PTMC

以阿里巴巴为代表的电子商务曾领跑全国,引领世界,创造了一个又一个海量交易和模式创新的神话。这既是荣誉,也是压力。当前的电商普遍遭遇到交易成本飙升、电商大面积亏损、次货假货泛滥、交易争议追溯和解决难等无序和无法规范的发展瓶颈。

如何升级电商1.0,实现电商专业化分工和规范化经营被业内提上了最重要的议事日程。

随着信息技术的迅猛发展,一个以无疆界的智能劳动为特征、以智能科技集成为支撑、以非现场生产经营为主活动方式的非现场经济文明时代已经真正到来。非现场经济(Off－site Economy)是指在智慧经济时代以智能化程度为时间节点,由智慧劳动引起的,相对于质能经济,反映当今社会由非现场活动的加剧而带来的社会经济变化,以及随之而来的社会结构变化相关的一系列经济现象和经济活动。非现场经济标志着PC鼎盛时期的终结,非现场经济不仅带来了新社群性质、活动方式和组成结构的巨大变化,智慧数据流的分发特征发生了根本演变,移动互联主动传输的分发功能将逐步替代PC被动搜索的分发主形态。

建立在地域和身份地位基础之上的传统社会信任体系遭遇了无疆界、低门槛的无情挑战,非现场化的社会信任体系正在重新构建。PTMC全跨境电子商务(跨境进口、出口、内贸)的提出,就是对非现场经济社会信任体系重构的一个侧面的完美诠释。PTMC模式是经过长期的一线调研,结合非现场经济学理论来提出并设计的。

PTMC模式顺应了非现场经济发展的趋势,变传统交互连接型电商平台为一个独立第三方交易监管平台,专门为产品和推客团队提供专业化电子身份及交易行为的规范化及监督服务。主动采取厂商分离、电商分离的措施,构建新型职业电商经纪人制度(推客战队),实现电商平台与推客(中小电商、微商的转型)

"胜利会师",植入权威 CA 认证体系,破解传统 PC 电商失范乱象,使专业推客不再是网络推广者而是一个新兴的行业——专业的非现场电商职业经纪人或专业电商经纪公司。推客是移动电商个性化服务提供商,以万计的推客靠专业知识在销货,推客不用再自行备货、囤货,厂商也不再需要自己养活供销员工。推客团队主要作为媒介帮助产品商实现 P2C 交易,遏制 B2C 或 C2C 贸易中的无法自律、无法规范的问题的同时激发出了 C2C 的参与有序创业的积极性。由于PTMC 平台不再追求厂商数量,而在于追逐厂商品牌和高性价比产品,消费者在严格监管和规范服务的电商市场中,放心选购直接来到精选产品商或经过监督、主动推送环节的商品,实现消费效用最大化。

在这样的模式下,实现了产品商(P)、推客团队(T)、中间监管(M)、消费者四者之间的社会化精细分工、相互服务、相互支持、协同联动,形成一个集专业孵化、专业生产、精英销售、第三方独立人监管、大众放心消费为一体的电子商务平台综合体系(如下图所示),从而大大减轻了政府的直接监管责任。

PTMC 开创了非现场经济环境下的电商 2.0 新时代,标志着电商 1.0 时代的结束 。

PTMC 是通过技术手段和参与者电子身份资格管理、行为轨迹管理来实现对厂商和推客的管理,直接间接地融合接入社会公共管理体系。不再是原始的靠人管人、人管物,而是对物的数据流和传输的动态轨迹的管理,不再是多层次的直接实物控制,真正地实现"厂商分离、店商分离"。在人员管理方面,直接通过电子身份证与类户籍及线上行为业绩来管理,不再"人盯人"。这一切都源于 PT-

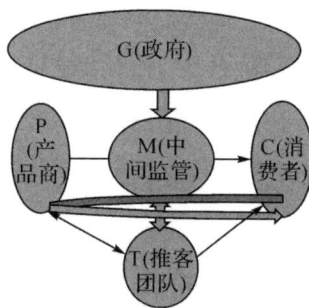

PTMC 模式的运用价值

MC 体系的民事行为的法律证据构成要件成熟技术和法律认可的规范。通过PTMC 平台,厂家(包括所有进口、出口、内销厂商)、服务商和项目开发商能够把资源和精力集中在产品开发和生产上;取消代理商使得专业电商省去了不少商品技术上、商品管理上和存货资金上的烦扰,充分顺应了新社群动力需求;平台的第三方认证和监管追溯角色,促进和保障了移动互联网络生态的健康发展;

而消费者也可轻松、自由、放心、舒适地购物与换退货,四者各取所需。崭新电商网络生态与新型社会信任体系被再度建立。

PTMC 模式构建起"厂商直营的网店＋服务店＋产品第三方监管＋线上线下导购联盟＋营销服务监管系统＋自主服务终端"的立体营销模式,率先将专业生产、网络营销、连锁经营、传统渠道、综合服务、网络社群消费链和互动媒体等整合在一起,实现了更加有效的协同营销。

PTMC 模式创造性地将推客体系(职业的电商经纪商)与全跨境电商平台融合,彻底推动店商分离进程,实现原始电商 1.0 平台向非现场经济综合服务体系的升级转型(这是根治 B2C、C2C、微商乱象的有效方式,引导中小电商正向转型升级)。

PTMC 模式集实体店、IT 金融、传统电子商等传统电子商务、移动电子模式的优点于一身,有效地解决了 B2B、B2C、C2C、C2B、O2O、ABC、BMC 等电子商务模式的再发展瓶颈。加之地方政府建设新电商园区的热情高涨,PTMC 电商园不再是一个简单的物业管理公司,而是一个提升区内实体经济产品升级的助力器。PT-MC 模式将是新区域经济再发展的强劲引擎,充分展现其核心竞争力。

PTMC 模式解决了长期困扰传统电商平台的难以提供民事法律证据的技术难题,构建了次货、假货和争议解决的现行法制的追溯通道,健全了电子商务信用体系。

PTMC 模式营造了良好的"大众创新、万众创业"的规范电子商务环境,为大学生创业、失业人士、残障人士、退伍军人、自由职业、中小企业下岗人员、众多微小电商等弱势群体提供优良创业服务,有利于促进社会和谐。精准监管所有推客和电商交易行为,有效破解了长期以来电商营业税、个税、社保等难题。

"站在未来,畅想现在"的非现场经济意识理念,是把用规范提升传统电商的点状思维转变为系统思维和多元思维。PTMC 移动电商 2.0 模式的推出,是在传统电商发展现状下的非现场经济新社群模式的必然升级,首个实践 PTMC 模式的推点商城,带来的不仅仅是电商经济效益,更多的是"全民创业、万众创新"的规范化社会效益和对实体经济的带动提升作用。

重构非现场经济环境商业生态
实现中国经济持续增长

（2015 年 12 月 9 日刊于国家商务部网站）

文　张为志

一、中国经济结构调整的现实问题

1. 供需失衡的现实

11 月 18 日习近平在亚太经合会议上指出："要解决世界经济深层次问题，单纯靠货币刺激政策是不够的，必须下决心在推进经济结构性改革方面做更大努力，使供给体系更适应需求结构的变化。"

长期以来，中国政府曾试图采取持续的货币政策和财政政策来刺激需求，可是实际的收效不佳，中国经济持续下行压力增大。面对严峻的现实，中国政府适时地提出加强供给侧改革，体现了当前经济问题的准确判断。可是，中国经济面临的问题显然不是简单的需求不足。我们可以看到一方面市场上产能过剩，消费疲软；另一方面国民却蜂拥着"海代""海淘"和"爆买"①，在实现当天过千亿电商总销售额的 2015"双 11 节"里，跨境电商或海外完税产品均成了主角。

就世界范围看，中国制造的"价廉物美"优势正在失去，除了人力成本（实际上用人数与单位支出数优势也在失去），土地成本、物流成本、原料和半成品成本、能源成本、税务成本，以及市场规范和技术储备等方面，发达国家均开始出现了优于中国的势头。如果美元再升值 10％，那么我国许多出口企业将更为艰

---

① 源自日本的一个新词，日文为"爆买い"，翻译成中文就是"疯狂购买"的意思。这是为中国游客造出的新词汇，在日本被评为 2015 年十大网络热词之一。

难,出口加工企业老板"跑路"现象也将再次出现。

这些,表面上看是中国企业停留在低成本竞争阶段,却又过度负债,低端供给过剩,高端供给不足,总体处于产能过剩。然而,我们深入观察会发现,中国企业面临的不仅仅是短期、周期性或外部冲击,实质上反映出了中国经济内源性的结构性失衡、供给侧结构与消费侧需求的严重不匹配。

2. 经济理论的混沌

中国经济内源性的结构性失衡引起了各方的高度重视,其主要的成因在哪?我们又该如何积极应对与解决问题?于是,各领域经济人士开始引经据典,经济理论各学派也再度登场较量。凯恩斯主义与新凯恩斯主义拉锯战持续不断,试图超越凯恩斯主义的"新结构经济学",最近他们更是迎来了"供给经济学"的春天。人们试图在供给经济学与凯恩斯主义的针锋相对中,找到中国经济的解决之道。

然而中国经济自身发展的特殊性加之新时期极速转型的困惑,特别是对大批原本市场经济意识就不强又散布在各县乡和广大农村的中小企业来讲,主动实现结构性重组谈何容易。

笔者以为,真正的经济学人谋求社会幸福生活的新路或探索其规律与发展趋势,应该具有鲜明的时代特征。无论是凯恩斯主义、新凯恩斯主义、积累的社会结构经济学、供给经济学等均属于大工业革命的产物。虽然其仍具有一定的现实指导和参考意义,但均已无法彻底适应和解决中国现实问题。如今的中国特色社会经济遇到了全球范围智能科技所引发的社会变革,经济形态正在快速跨越传统的工业革命模式,大步迈向了人类新文明的非现场经济形态。中国经济还没完全摆脱计划经济思维的惯性影响,还来不及完全适应工业革命的市场经济,偏偏又快速遇到了新时代的新要求——尽快摆脱工业革命思维的束缚。于是,政府、企业、学界的经济思维和经济理论再次出现了混沌。

二、非现场经济文明期的特征

1. 造成供给则严重失衡的核心原因

中国经济的结构性脱节怎么会形成的？笔者以为这是时代性的必然，是过去 30 年里，中国经济自身发展特征与正在快速进入新文明适应期特征的叠加反应。

中国人是聪明的，大量的中小型企业不会笨到会去不断生产卖不出的东西，这里有全民摸着石头过河与观望、追溯政府的惯性思维影响因子的存在。过去 30 年里，正是中国从计划经济过渡到市场经济的 30 年，上上下下不知不觉地在整个过程中带有浓重的计划经济的思维惯性。具体就表现在了各级政府的直接与间接参与市场活动方面，一时间"政府搭台企业唱戏"成为口号，其实质上却导致了企业看政府的不良风潮。前期的各级政府过度作为，不经意地使之成了整个市场经济的主控者，行业投资跟随政府号召而过度，企业的市场自觉能力和创新内驱力被对政府的依赖性所替代，要素价格扭曲导致资源得不到有效配置，有效供给虚空，客观上也促进了官商结合的滋生。如今，这种情形又遇到了快速发展的非现场经济①渗透力的挑战，商业生态畸形的病态突显，进而加速演变成了中国经济供给侧的结构性缺陷，最终导致总供需失衡。实体商业收缩，实体工厂举步维艰，显性失业增加，财政收入减少，公共福利和公共支出缺口加大，引发了中国经济的持续下行。

中国经济在特定历史环境下的政府积极作为和企业看政府的习性，加之非现场经济的崛起，使得中国经济的持续增长遇到了内源性结构缺失的难题。原本的这些政府善意作为、企业的依赖习性和商业地产的无序发展，最终导致中国整个商业生态体系遭受到前所未有的破坏，加之非现场经济无序的初级电商冲击，进一步加剧了整个商业生态体系的恶化。试想：一个畸形混乱的商业生态能不造成产品价格虚高、生产盲动，而最终导致供需失衡吗？！

① 非现场经济是指智能科技带来的人类第三文明期的社会经济形态。参阅人民论坛学术前沿 2015 年第 18 期的《非现场经济与智慧共享体系简论》。

2. 新文明时代的特征

如今,中国经济正处在一个新文明的转型期,供给侧的生产、现场实体和新的非现场企业(如电商)都出现了严重无序的混乱问题。这是一个涉及新社会信任体系和商业生态体系重构的问题,涉及供给侧结构及各主体间如何协同发展的生态体系问题,也是一个极具时代特性的经济发展问题。因此,正确认识由智能科技主导的社会变革所带来的新时代特征,尽快重组、重构非现场经济文明期的新商业生态体系才是关键。

进入 21 世纪,智能科技和数字产品为主导的数字生活,以出乎人们意料的速度,向智能型生活模式转型,并迅速地展现出了一种新趋势:互联＋物联＋云计算＋大数据＋智能终端＋人工智能＋量子计算＝"智能技术体系"的集成态势。这里特别指出:"智能技术集成"是各种智能技术融合与协同的作用,不是某一单项技术的奇特功效,互联网仅仅只是其中之一。"智能技术体系"集成态势的出现,迅速朝向了集成的公开性与共享性方向发展,这种共享性的"智能技术集成"体系再结合了社会动力机制和利益交换机制等人类智慧,就形成了非现场经济的社会智慧大脑发育,即所谓非现场经济的"智慧共享体系"开始形成与发力。

智能技术集成＋社会动力机制＋社会交换机制＝"智慧共享体系"

这里的社会动力机制指社会的各种利益机制,是新时代的新社群交易指各种利益的交换实现机制。这是一个新时代的共享机制,是由高度发达的机械性智能综合技术加人类特有的智慧文明而构成。概括地说,智慧共享体系由智能技术集成体系及其应用与社会智慧共享机制而共同组成。"智能技术集成"是"智慧共享体系"的物质基础,"智慧共享体系"是"智能技术集成"的必然产物,智慧共享体系构成了非现场经济文明形成的基础与核心内容。智慧劳动就是借助于这个"智慧共享体系"的社会集成大脑而实现了"成本极低"和"速率极高"这两个特征。智慧劳动通过由智慧技术、智慧文化共同搭建的"智慧共享体系",展示出了智慧劳动"成本极低"和"速率极高"这两个特征,最终成就了智慧劳动是社会经济新主导的地位。

非现场经济(Off-site Economy)是指,在智慧经济时代以智能化程度为时间节点,由智慧劳动引起的,相对于质能经济,反映当今社会由非现场活动的加剧而带来的社会经济变化,以及随之而来的社会结构变化相关的一系列经济现象和经济活动。

非现场经济学说顺应了这种强大的社会需求动力,尝试着去探索第三文明时代里,去实现这种公正、平等最大化的内在社会机制和去资本化的无疆界社会经济体系重新构建的理路,重构非现场经济文明的社会信用体系和经济体系,以应对原本基于地域和身份地位而建立起来的传统信用体系的崩溃。非现场经济的提出不仅是一个不同的提法,还揭示了智慧共享体系下的新社会主特征,是人类历史进程中一个重大文明期的符号。我们可以根据不同时期社群结构与主活动形态的变化,把以自然经济为代表的古代分散式现场交易、分散式现场管理为主特征的时期称为第一文明期;以市场经济为代表的两次工业革命集中式、高度现场化为主特征的时期称为第二文明期;以高效非现场经济为代表的智慧共享社会称为第三文明期。三个不同文明期各自对应了三个不同社会群体的结构和社会体系。社会政策的制定者、公共管理者一起,应尽快摆脱大工业革命思维惯性和互联网经济思维过窄的束缚,重新探索和认知非现场经济下的全球新文明的社会发展脉络。

三、重构新文明期的商业生态

1. 重构实体商业生态圈

实体经济的供需失衡与实体店的没落,不仅仅是因为电商兴起而遭受的冲击,而是近十几年来,中国传统实体商业建立在了无序地扩展的商业地产和脱缰的地产高成本基础之上,从而使得实体商业一开始就建立在了高成本运行的基础之上,终端的销售价格也就越来越离谱。高成本的商家也只能依赖搞活动打折促销来拉动客人,为了满足商场的疯狂打折,致使厂商无奈地把价格越标越高,以至于一些零售价是实际生产成本的 7 至 8 倍,且还存在着大量的商家严重扣押和拖欠厂商应收款的现象。实体商业的生态失衡,加之人民币连续八年的升值、劳动力等成本的增加,使中国制造优势正逐步失去。许多原本出口为主的实体工厂也把商品投回国内市场,加速了国内市场的商品过剩、产能过剩。

在以美日为代表的国际制造业实际综合成本正朝着越来越低于中国的方向发展的今天,一个实体企业中间环节成本虚高的严重问题横在了中国经济的面前。于是,"海淘"、代购、疯狂海外购物及跨境电商的崛起也就成为必然,中国实体工厂陷入了越来越艰难的境地。

我一直认为拯救实体经济单靠汇率杠杆不够,而是整个商业生态结构性的重构。因此,遏制商业地产无序发展成了重构商业生态圈的首要任务。根除商业地产暴利和线下实体商业的支撑基础,大力鼓励一切去中间环节的新商业形态,迫使产品价格虚高的实体商店关门或转型回归到理性的服务角色,以生产与商业协同发展的市场自发力,重构与非现场经济文明相适应的理性、合理的实体商业新生态。

2.重构电商商业生态圈

实体商业生态的恶化,使得电商及一些线上平价商店乘虚而入,迅速占领了一定的市场份额。可是由于传统电商的初级模式和平台自身的利益驱动,使得如今的电商商业生态也出现了可怕的恶化趋势。电商1.0的"厂商合一""店商合一"模式下,电商商户在短期利益和低价竞争的驱使下,最后往往多以牺牲质量、信誉为代价,而仿名牌、以次充好,而平台为了留住商铺数也基本睁一只眼、闭一只眼。最近电商平台售假问题再度被社会关注。《华尔街日报》报道,美国服装鞋类协会(AAFA)已经督促美国政府再次将阿里巴巴集团旗下在线交易市场淘宝网列入"恶意市场"名单,原因是淘宝网上假货依旧泛滥。不久前,我在短文《破解品牌商触网的死亡之吻》[①]里曾写道:"传统电商简单的拿货制与代理制导致的电商业无序发展、导流成本、虚假刷单、暴力刷屏、三无产品混杂、投诉无门等,不仅威胁到电商自身发展,也严重伤害到了优质品牌厂商。如今的优质品牌厂商只要触网等同接到了死亡之吻,几乎都逃脱不了极速兴奋且快速死亡的命运。"

电商业同样也存在着门槛被逐步提高、流量成本高涨和拖欠款等类似现实

---

① 参见中国网 2015 年 9 月 21 日《破解品牌商触网的死亡之吻,迎接电商 2.0 时代到来》。

实体商业的问题,大型 IT 企业通过流量的绑架或垄断新的商业生态,造成了电商业再次出现类似实体商业的价格虚高。电商业多数亏损(特别是厂商自营电商),原本的电商去中间环节的优势正在逐步被削弱。看来非现场经济同样面临着一个不在场的商业生态体系构建问题,否则同样将再次落入实体商业生态恶化的境地,再次造成供给结构的继续失衡。

我以为,新电商应该解决这些涉及商业生态的问题,这单靠号召电商企业的自律是行不通的。现今电商平台上假货不绝的根本问题不仅仅在于假货制造者,这里还有一个电商平台自身运行模式设计上缺乏科学性和规范性的问题,归根到底是一个电商商业生态秩序如何构建的问题,故应积极倡导、鼓励电商 1.0 的升级转型,实现电商专业化分工和规范化经营模式(如 PTMC 模型①),推动非现场经济不在场的新商业生态的重新构建。

3.协同构建的新时代商业生态

我们已经进入非现场经济文明时代,非现场经济表面上看是人的活动的现场与非现场分离,实质则是社会系统性的分离。随着智能科技支撑下的超高速物流、信息流、智慧流(具有共享价值的 DT)的打通,再加上高速量子计算的产生,现场与非现场就彻底脱离了地理空间束缚,所有实际物体的东西都被一个形而上的物体所控制。整个社会经济也就被脱离了现场的巨大权利,或者说,某种技术被所谓的自增强、互补性效率所调控了,它的规律不再受现实要素的影响,而是被一种共享智慧自身的增长所控制。

现场经济始终会存在,但将逐步地被非现场经济的渗透力和影响力所控制。这是智能社会的一次合理的自然再分工,这种分工是建立在共享与理性互赢的基础之上。因此,在由地理、身份地位和精英契约等要素构成的传统社会信任体系被非现场经济环境冲击的时代里,只有重构"去地理、无身份地位、低门槛"的新社会环境的社会全新信任体系,促进生产制造业、实体业和电商业共同搭建优质非现场商业生态体系,才能真正克服长期的供需再失衡困难。此时,非现场经济(包括新电商)与实体经济就不再是对立面,而是协同发展的相互依存关系,最

---

① 参见中国网 2015 年 9 月 21 日《破解品牌商触网的死亡之吻,迎接电商 2.0 时代到来》。

终共同推动实现新时代环境的中国经济的可持续增长。

四、结　论

商业生态系统涉及各成员不同的行业创新、知识共享、价值实现、体系秩序控制等方面,具有分工协作、共同适应、协同进化等特性。新历史时期,只有政府、企业、学界通力合作,重构社会信任体系和新型商业生态文明,才能确保中国经济结构根本性改革的实现。

1. 政府着眼点:规范与秩序

建议政府顺应新时代新文明需求,适时调整政府的作为与不作为。从直接参与市场活动或试图直接调控供给侧改革的作为中解脱出来,进而转向对商业规范与秩序的关注。运用政策导向催生良性综合商业生态体系,利用税收导向积极干预商业规范与秩序的建立,采取法制手段坚决维护商业生态。从实体整顿商业生态秩序、整顿电商商业生态秩序着手,推动新历史机遇期的中国社会整体商业生态的恢复和重建,从根源上解决供给侧失衡问题。

2. 企业着眼点:非现场经济市场与新社群

时代不同了,中国企业必须清醒地认识到社会在进步,政府直接参与市场的行为正在减少,尽快克服依赖政府、追溯政府方向标的老式思维习性。着眼全球化无疆界、低门槛的非现场经济发展趋势,追随非现场经济市场与新社群需求,不断去调整或创新适应新环境、新社群所需的产品和服务。

3. 学者着眼点:时代性

建议广大学者牢牢站在时代的前沿,运用各自博大精深的专业知识,共同推进新时代特征下的中国经济理论探索,一起完善新时代的非现场经济学说,多学科一起推动新时代文明下中国商业生态体系的重整。

重构非现场经济文明期的社会信任体系和新型商业生态文明,实现新时代中国经济的持续增长。

后 记

　　由于六年前的仓促写就,旧作《智能终端支撑下的非现场经济》存在着许多不当之处,如缺乏时间性、对各种状况的对比分析和结构的严谨性。值得庆幸的是,六年来的社会实践证明我当年提出"非现场经济学"概念和揭示智慧劳动与资本共同主导经济的发展趋势的主基调是正确的。再版《智能终端支撑下的非现场经济》并更名为《非现场经济意识》,是为了进一步阐述非现场经济,动员各行各业以及各学科专家一起完善非现场经济学这门崭新的学科。

　　这里我需要特别申明的是,非现场经济不仅仅只是换了一种提法而已。不同人类文明期呈现出不同共同体的新社群主体特征,非现场经济是人类第三文明期的标志性代名词。在非现场经济文明时代(第三文明期)的人类共同体中,我们将被重新定位。于是,我们的社会经济思维基础也就建立在了非现场经济思维和新经济学范式之上。追求以非现场经济提升现场经济,并不意味着非现场经济覆盖和替代所有的经济形态,而是要求我们确立非现场经济意识,主动进入非现场经济的智慧共享体系去行动,不断去追随非现场经济下的无疆界、低门槛、低成本、高效率的新社群变化需求,最终成为非现场经济共享型新社群里最合格的产品提供人、产品服务人以及公共事务和管理的服务者。

　　在此,我由衷地感谢所有在我再版、改编本书时曾给过我帮助、鼓励和启发的人。非常感激我的家人、亲朋好友和老同学们对我的体贴、支持和理解；特别感谢浙江大学盛晓明教授、美国夏威夷大学成中英教授、中国科学院唐孝威院士、浙江大学罗卫东副校长的指导；感谢中国科学院人文学院白惠仁博士和浙江大学哲学系张立副主任参与了书稿部分章节纲要的草拟；感谢浙江大学科学技术与产业文化研究中心蒋风冰、林萍、徐舜等同事的支持；感谢浙江大学社会科学院袁清副院长、方志伟副院长的鼓励；感谢浙江大学管理学院吕佳颖副教授、王小毅副教授的友情帮助；感谢第一版撰写时给予我大力支持的浙江大学圆正控股和创新研究院的领导和同事们；感谢杭州市委党校的朱学路副校长及党校学者、专家们的参与及思维碰撞；感谢浙江大学出版社、中国新闻周刊、人民日报人民论坛学术前沿、商务部中国国际电子商务中心、工信部中国电子商会及杭州热土庄园等单位的领导、朋友和各位专家的扶持和帮助。

张为志

2015 年 12 月 1 日于中国浙江杭州热土庄园

图书在版编目（CIP）数据

非现场经济意识 / 张为志著. — 杭州：浙江大学
出版社，2016.1
ISBN 978-7-308-15476-5

Ⅰ.①非… Ⅱ.①张… Ⅲ.①经济学-研究 Ⅳ.
①F0

中国版本图书馆 CIP 数据核字（2015）第 317127 号

非现场经济意识

张为志 著

责任编辑	蔡圆圆
责任校对	张远方
封面设计	续设计
出版发行	浙江大学出版社
	（杭州市天目山路 148 号 邮政编码 310007）
	（网址：http://www.zjupress.com）
排 版	杭州金旭广告有限公司
印 刷	浙江印刷集团有限公司
开 本	710mm×1000mm 1/16
印 张	13
字 数	198 千
版 印 次	2016 年 1 月第 1 版 2016 年 1 月第 1 次印刷
书 号	ISBN 978-7-308-15476-5
定 价	48.00 元